Penser, agir, vivre autrement en démocratie

Le Pacte civique : inventer un futur désirable pour tous

La ***Chronique Sociale*** est à la fois un organisme de formation et de recherche et une maison d'édition. Fondée à Lyon en 1892, elle s'est préoccupée dès ses origines de sensibiliser aux évolutions de la société et de suggérer une organisation de la vie collective plus solidaire et plus respectueuse des personnes.

Actuellement, les ***Éditions de la Chronique Sociale*** publient des ouvrages et des jeux pédagogiques qui contribuent à mettre en œuvre ces orientations. Issus de pratiques professionnelles et sociales, ils sont au service de tous ceux qui s'efforcent de mieux comprendre le monde.

Chacun pourra s'approprier ces outils et les utiliser, tant pour son développement personnel que pour une action collective efficace.

Responsable des Éditions : André Soutrenon

Imprimeur : Laballery

Chronique sociale, Lyon, Dépôt légal : janvier 2012

Achevé d'imprimer en novembre 2011 par la Nouvelle Imprimerie Laballery
58500 Clamecy – Numéro d'impression : 111112 – *Imprimé en France*

Collectif Pacte civique

Penser, agir, vivre autrement en démocratie

Le Pacte civique : inventer un futur désirable pour tous

Comprendre la société

l'essentiel

Chronique Sociale
7, rue du Plat - 69002 Lyon
Tél. : 04 78 37 22 12

Coordination de l'ouvrage :
Jean-Claude Devèze et Jean-Baptiste de Foucauld

« Les institutions politiques et économiques d'un pays ne peuvent constituer à elles seules la démocratie : elles n'en sont que le cadre. En vérité, il n'y a pas de démocratie sans démocrates. Le propre de la démocratie est d'être volontaire et la démocratie est d'abord un état d'esprit.

De quoi est fait cet état d'esprit ? Avant tout d'un intérêt profond pour le destin de la communauté à laquelle on appartient et du désir d'y participer à tous les niveaux (compréhension, décision, action), du sentiment qu'une vie humaine sera toujours amputée si elle reste bornée à un horizon individuel, de la conviction aussi que ce monde n'est pas le meilleur possible, que plus de raison et de justice doivent y régner et qu'il faut lutter pour les faire triompher. »

Pierre Mendès France
(citation extraite de La République moderne, *1962)*

Cet ouvrage est issu des travaux des initiateurs du Pacte civique et de ceux qui les ont rejoints pour poursuivre cette œuvre ouverte, exigeante et ambitieuse. Qu'ils soient ici tous et toutes remerciés.

Voir à la fin une liste de militants et d'organisations impliquées

Penser, agir, vivre autrement en démocratie

Le pacte civique, une approche nouvelle du changement **7**

Le pacte civique, un appel à inventer un futur désirable pour tous **11**

Plateforme commune des initiateurs **13**

1. Une crise qui vient de loin et qui ébranle nos certitudes 13
2. La crise oblige à mobiliser des potentiels humains mal reconnus mais disponibles 16
3. Les forces humanistes, spirituelles et politiques doivent œuvrer ensemble pour améliorer la qualité démocratique 19
4. Un Pacte civique pour élargir le débat et rassembler les énergies 22

Le pacte civique, deux ambitions et quatre impératifs **26**

Nous transformer et transformer nos organisations pour transformer notre société 26

Réinventer ensemble notre démocratie 29

Une créativité porteuse de sens 35

Une sobriété inspiratrice d'un art de vivre 41

Une justice au cœur 45

La Fraternité comme horizon d'un nouveau contrat social 49

Les 32 engagements proposés aux adhérents 56

Des moyens de mise en œuvre des engagements... 64

Une démarche qui s'inscrit dans la durée............ 87

Une histoire collective 87

Et maintenant, quelles missions prioritaires ? 93

Une « œuvre ouverte » 100

Ils parlent du Pacte civique 108

Ils ont déclaré 112

Et vous ? Qu'avez-vous à dire
sur le Pacte civique ? 115

Qui soutient le pacte civique ? 118

1. Le Pacte civique a été élaboré et rendu public les 14 et 15 mai 2011 par un collectif 118
2. De nombreuses personnalités adhèrent et soutiennent le Pacte civique........................... 119
3. De nombreuses associations ont adhéré au Pacte civique depuis mai 2011 121

Le pacte civique, une approche nouvelle du changement

Ce livre présente une démarche ambitieuse, le Pacte civique. Vous et vos organisations êtes appelés à y participer si vous êtes convaincus de l'importance de la question suivante : ***comment amorcer et accompagner dans la durée les transformations personnelles et collectives que requièrent les crises, dérives et fractures dont souffrent notre société et notre démocratie ?***

Pour répondre à cette question, les organisations et personnalités associatives qui ont décidé fin 2008 de lancer le pacte civique vous proposent un diagnostic, une approche nouvelle du changement, une démarche basée sur l'engagement et la coopération.

Un diagnostic

La crise que nous subissons nous fait prendre conscience des limites de la nature, de l'intérêt personnel, de l'accumulation des désirs. Pour en faire une opportunité de changement, il s'agit de mobiliser de nouveaux potentiels humains, mal reconnus, mais disponibles. C'est pourquoi est **lancé un Pacte civique visant à élargir le débat et à rassembler**

les énergies, et d'abord les forces humanistes, spirituelles et politiques qui doivent œuvrer ensemble pour améliorer la qualité de notre démocratie.

Une approche nouvelle du changement

Pour changer les mentalités, le Pacte civique privilégie **quatre impératifs pour orienter l'action :**

• être *créatifs* pour donner du sens plutôt que pour gagner plus d'argent,

• être *sobres* pour économiser les ressources, et distinguer l'essentiel du superflu,

• être *justes* pour assurer le respect des droits et le partage équitable des richesses,

• être *fraternels* pour renforcer nos solidarités et rehausser la qualité de notre démocratie.

Le Pacte civique relie trois formes de changements : changements des comportements *personnels* ; des modes de fonctionnements des *organisations* ; des régulations *institutionnelles* et *politiques*. Ces trois formes de changement se conditionnent mutuellement, aucune n'est suffisante à elle seule.

Une démarche basée sur l'engagement et la coopération

Pour concrétiser cette volonté de changements individuels et collectifs, le collectif Pacte civique vous demande de répondre à son **appel à adhérer à 32 engagements** exigeants, mais nécessaires pour avancer ensemble. Ces engagements nous demandent à la fois :

– d'être nous-mêmes le changement que nous voulons pour la société ;

– dans les organisations qui structurent la vie sociale, de promouvoir ensemble, à tous les niveaux, des pratiques de créativité, de sobriété, de justice et de fraternité démocratique ;

– comme citoyens, organisations ou membres d'organisation, responsables politiques, de militer pour améliorer la qualité de notre démocratie, pour renforcer les actions contre les inégalités, les exclusions et discriminations, les maltraitances, pour revivifier le vivre ensemble, pour rendre l'Union européenne plus démocratique, plus sociale et plus active à l'intérieur comme à l'extérieur.

Le Pacte civique s'adresse à toutes les organisations, à toutes celles et à tous ceux qui sont prêts à coopérer pour améliorer notre vivre ensemble et notre démocratie. Si l'on adhère globalement à la démarche, chacun se centre sur les engagements auxquels il veut apporter sa contribution.

Des groupes thématiques se mettent en place ainsi que des groupes locaux pour favoriser les expérimentations et coopérations ancrant sur les territoires la démarche du Pacte civique. Un collectif, assurant la coordination de la mise en œuvre du projet, veille à favoriser l'implication de toutes les bonnes volontés et à l'évaluation des efforts accomplis afin de décider des suites à leur donner fin 2013.

Pour vous permettre de mieux comprendre ce qu'est le Pacte civique, sont successivement présentés ci-après l'appel lancé par les organisations et les militants qui avaient signé en 2008 une plateforme commune *(cf. page 13),* les deux ambitions et les quatre impératifs qui les réunissent *(cf. page 26),* les 32 engagements qui sont proposés depuis mai 2011 aux adhérents du Pacte civique *(cf. page 56),* des moyens correspondants à la mise en œuvre de ces engagements *(cf. page 64)* et l'inscription dans la durée de cette œuvre ouverte *(cf. page 87).*

Le pacte civique, un appel à inventer un futur désirable pour tous

Nous sommes de plus en plus nombreux à être :

- **indignés** par des inégalités croissantes, la corruption et le règne de la finance ;
- **conscients** des limites de la nature et de l'accumulation des désirs individuels ;
- **inquiets** de la montée de la dette, du chômage, de l'exclusion, des violences ;
- **choqués** par la dégradation de notre démocratie,

Et, en même temps, nous sommes de plus en plus :

- **décidés** à résister au délabrement de nos sociétés et aux démesures de la mondialisation ;
- **confiants** dans les capacités de chacun à progresser et à construire ensemble ;
- **déterminés** à trouver des équilibres justes en matière sociale et écologique ;
- **exigeants** sur la cohérence entre ce qui est dit et ce qui est fait ;
- **prêts** à nous engager et à coopérer pour mieux vivre ensemble.

Il est temps de réagir aux crises, aux dérives et aux fractures dont souffrent notre société et notre démocratie, et c'est possible comme nous le montrent les multiples initiatives en cours. C'est pourquoi plusieurs organisations de la société civile et des militants associatifs, après avoir adopté une **plateforme commune (cf. ci-après),** ont proposé un Pacte civique pour renouveler le vivre-ensemble et rénover la qualité démocratique.

Comme tout **pacte,** il revêt un côté solennel et exigeant pour ceux qui y adhèrent ; son objet est qualifié de **civique,** car ce pacte concerne tous les citoyens prêts à exercer dans la « cité » et dans leurs organisations leurs responsabilités individuelles et collectives.

▶ **Le Pacte civique, c'est un appel à des personnes et à des organisations qui sont prêtes simultanément à se transformer et à transformer leurs organisations pour transformer la société. Nous avons à inventer ensemble un futur désirable pour tous.**

Plateforme commune des initiateurs du pacte civique

Face à la crise, penser, agir, vivre autrement en démocratie

La crise ouvre une nouvelle époque en France, en Europe et dans le monde. C'est une conviction autour de laquelle un collectif d'associations s'est constitué dans un double but : analyser et agir ensemble. Ses réflexions et propositions s'articulent autour des quatre points suivants.

1. Une crise qui vient de loin et qui ébranle nos certitudes

La force et la brutalité de la crise, évidentes pour tous, ne doivent pas nous leurrer : elle vient de loin. Elle est le résultat de tous les défis non affrontés, de tous les avertissements non entendus, de tous les déséquilibres accumulés, de toutes les démesures tolérées, donc de tous les changements qui n'ont pas été faits à temps.

Il est question de la crise ; or, elle en additionne au moins trois, ce qui explique son ampleur particulière : la crise sociale, due au chômage, à l'ex-

clusion, à la précarité, aux inégalités extrêmes, qui sévit depuis longtemps ; la crise écologique, de mieux en mieux perçue, mais qui se développe plus vite que les moyens, insuffisants, mis en œuvre pour y parer ; la crise économique et financière enfin - qui aggrave l'ensemble - largement due à l'appétit immodéré pour l'argent et pour la rentabilité à tout prix.

Ces crises, aggravées par le laisser-faire individualiste qui les a accompagnées, sont l'expression d'une crise culturelle et morale de nos sociétés.

Face à cette situation, plusieurs approches sont proposées :

- *les uns mettent l'accent sur le manque de cohérence entre nos comportements et nos idéaux et sur les changements à opérer dans la manière de produire, consommer, épargner, investir. Certains prônent ainsi un bouleversement du système économique, même s'il n'y a pas actuellement d'alternative évidente ;*
- *d'autres mettent d'abord leur espoir dans une généralisation des multiples initiatives et expérimentations mises en œuvre, notamment dans l'économie sociale et solidaire ;*
- *d'autres enfin insistent sur le fossé qui s'est creusé entre la représentation politique et la société.*

Mais tous nous estimons qu'il faudra tenir compte de ces différentes attitudes et que les multiples déséquilibres actuels ne seront pas résolus par de simples solutions « régulationnistes ». Celles-ci ne permettront pas de repartir comme avant.

Cette crise nous conduit à revisiter nos certitudes à travers une triple prise de conscience :

- ***conscience des limites de la nature*** *: on ne peut prélever indéfiniment des ressources finies ;*
- ***conscience des limites de l'intérêt personnel,*** *mis en compétition avec celui d'autrui : les intérêts égoïstes sont sources d'inégalité et leur somme ne garantit pas l'intérêt général ;*
- ***conscience des limites de l'accumulation des désirs*** *de tous ordres produits par les systèmes en place, qu'ils n'ont plus les moyens de satisfaire.*

▸ **Nous sommes en présence non seulement d'une crise de confiance, mais d'une crise de foi dans l'automaticité du progrès. Nous assistons à une fin de cycle de la modernité, modernité que Max Weber avait caractérisée comme le passage d'une société cherchant dans la religion la solution à ses maux, à une société la trouvant dans l'effort productif et le progrès économique.**

2. La crise oblige à mobiliser des potentiels humains mal reconnus mais disponibles

Pour autant, il importe de ne pas se complaire dans des analyses anxiogènes de la crise et d'anticiper les risques de régression qui pourraient en résulter. La fragilisation des situations entraîne crispation sur l'avoir, repliement sur l'individualisme, aggravation des inégalités, mouvements sociaux et durcissement des mesures défensives et répressives.

Pour y parer, il faut protéger les plus faibles par un bouclier social renforcé et rétablir la confiance en s'appuyant sur ce qui constitue la colonne vertébrale de nos sociétés : l'option pour la démocratie et le respect de la personne humaine. En se souvenant que l'espérance est un principe actif et que les métamorphoses, même improbables à un moment donné, sont possibles si l'on fait confiance aux capacités créatrices de chacun.

À cet égard, le collectif associatif constate que, loin des discours catastrophistes ou démobilisateurs, beaucoup de femmes et d'hommes, à l'occasion de ces différentes crises, découvrent au fond d'eux-mêmes, chez leurs proches ou dans leur communauté d'appartenance, des ressources qu'ils ne soupçonnaient pas et qu'ils ont du mal à exprimer clairement. Qu'il s'agisse de simple « courage », « d'instinct vital » ou de « quêtes d'identité », des énergies personnelles latentes se font jour, qui prennent des formes très différentes : conscience morale, humanisme, profondeur, intériorité, transcendance, espérance…

Cette « force éthique » (qui se déprend de la fascination pour la compétition ou pour la communication) stimule les réactions face aux pires situations d'humiliation et redonne confiance aux personnes en leur rendant le sentiment de leur propre dignité, comme de l'égale dignité de tous les hommes et femmes. Elle constitue à nos yeux le principal ressort qui nous permettra de donner un nouvel élan à la démocratie et à la citoyenneté, et de sortir de la crise. Un « droit de cité » doit lui être reconnu dans notre espace laïc et pluraliste !

Par ailleurs, on assiste à une prolifération d'initiatives, à l'émergence de nouvelles formes de militances, à une accélération des changements de comportement et à une montée d'aspirations nouvelles, notamment dans les jeunes générations particulièrement sensibles aux injustices et contradictions découlant de nos modes de vie et de gouvernance :

• *face à la crise écologique, le rapport à l'environnement, au gaspillage, au traitement des déchets, aux produits « bio » évolue ; face à la crise de l'énergie, des énergies renouvelables sont promues et des économies d'énergie recherchées ; sur le plan politique, un Pacte Écologique a conduit au Grenelle de l'environnement ;*

• les personnes sont encouragées « à travailler sur elles-mêmes », à sortir de leur individualisme et de leur « quant à soi » pour fraterniser et pour innover ;

• face au chômage, de nombreuses associations de solidarité se sont créées et les principes de fonctionnement de l'économie solidaire retrouvent une nouvelle vigueur ;

• des entreprises prennent conscience de la nécessité d'élever le niveau de leur responsabilité sociale et écologique tandis que l'économie sociale et solidaire ressent la nécessité de prendre un nouvel élan ;

• des maires, avec l'appui de leurs concitoyens, développent de nouvelles formes de vivre ensemble et pratiquent une fraternité de proximité qui vise notamment à réduire les fractures sociales, territoriales et intergénérationnelles.

Quant aux artistes, non seulement ils expriment les tensions de nos sociétés, mais ils jouent aussi le rôle de médiateur de leurs changements ; leur contribution ne peut être négligée en tant que facteur d'éveil, de sensibilité et de porteur d'utopie.

▸ **Plus largement, c'est un nouvel état d'esprit qui est en germe, avec la recherche non seule-**

ment de la « qualité de la vie », mais aussi de nouveaux modes de vie et de relations humaines plus vraies, y compris avec les moins chanceux ou les plus vulnérables. Ce sont autant de points d'appui pour sortir de la crise.

3. Les forces humanistes, spirituelles et politiques doivent œuvrer ensemble pour améliorer la qualité démocratique

Beaucoup se ressourcent dans des courants de sagesse ou de spiritualité qui aident les personnes et les groupes à assumer cette « vulnérabilité » aggravée par la crise et à trouver un nouveau souffle. La rationalité contemporaine ne peut pas ignorer la manière dont ces sagesses ou ces spiritualités peuvent :

- *aider les personnes à se constituer et à agir ;*
- *inciter la démocratie à « se remettre en question », à dépasser son fonctionnement procédural et administratif et à s'ouvrir à des relations davantage solidaires, responsables et créatives.*

Quant aux religions, lorsqu'elles évitent les dérives sectaires et identitaires, elles peuvent constituer une force de dépassement, de modération, et de solidarité. Cela suppose qu'elles jouent le jeu de nos démocraties pluralistes et qu'elles acceptent sans réticence le principe fondamental de la laïcité, clef de voûte d'un pluralisme où tous les courants de pensée peuvent s'exprimer et où personne n'a définitivement le dernier mot.

Les systèmes politiques ont de grandes difficultés à faire face à cette mutation vers un développement humain qui prenne en compte tout l'homme et tout homme, faute :

- *d'une démocratie représentative capable de proposer des choix exigeants et motivants et de mobiliser les citoyens pour les mettre en œuvre ;*
- *d'un débat démocratique porteur de compromis constructifs appuyés sur la recherche d'intérêts réciproques dans la durée ;*
- *d'une démocratie de proximité liée à la participation du plus grand nombre et à la coopération entre élus, administrations et associations.*

Nous sommes convaincus que la qualité morale des responsables de tous ordres, leur capacité à s'engager et à parler vrai joueront un rôle essentiel. Nous pensons aussi que la qualité du fonctionnement démocratique devra être considérablement améliorée pour répondre aux défis.

Nous estimons donc que la situation actuelle appelle des réponses transversales et transdisciplinaires ; le politique doit reprendre la main qu'il a trop abandonnée à l'économie de marché. Il faut ouvrir largement le débat sur l'essentiel, sur la civilisa-

tion que nous voulons désormais bâtir en Europe, à l'ère de la mondialisation et du monde fini.

Si l'économie, pas plus que l'argent, ne fait le bonheur – tout en pouvant y contribuer évidemment – quels sont aujourd'hui, quels seront demain, les ressorts profonds de la société, ses motifs de mobilisation, ses finalités ? Tel est le débat démocratique à ouvrir, de manière la plus large possible, à un moment où la mobilisation traditionnelle autour du pouvoir d'achat ne suffit plus.

La recherche du bonheur par l'accumulation de l'avoir a constitué l'orientation fondamentale de la modernité ; cette approche, contraire à la plupart des traditions de sagesse dont aucune ne place le bonheur et la joie de vivre dans la possession, a démontré ses limites. Il faut la repenser en équilibrant mieux l'être et l'avoir, le mode de vie et le niveau de vie, le bien être et le mieux être, avec, par exemple, comme mot d'ordre : ***« Autrement, le bonheur ».***

Une telle approche, loin d'oublier les tragédies du monde ou la réalité de la mort, propose au contraire de donner à tout être humain le droit de vivre pleinement son humanité au lieu de borner son horizon à assurer au mieux sa survie biologique. Elle s'assure de la réalisation concrète de la démocratie et de son principe essentiel : ***« Le respect de l'égale***

dignité de chaque homme, mesuré à l'aune du sort réservé aux plus faibles ».

▸ **La crise est en tout cas un appel à penser, agir et vivre autrement. Tirons en les conséquences en engageant une nouvelle démarche, un processus constructif, qui permette de construire cet appel et de préparer la multiplication de véritables expériences démocratiques du vivre ensemble.**

4. Un Pacte civique pour élargir le débat et rassembler les énergies

Retrouver le sens des limites et du possible, articuler liberté individuelle et responsabilité collective, réintroduire du lien entre générations, entre couches sociales et entre institutions et citoyens, focaliser l'attention sur tous ceux qui sont victimes des crises, repenser les rapports entre cultures, lier transformation personnelle et transformation sociale, voici des objectifs à approfondir au regard des trois impératifs suivants :

- *impératif de créativité, dont le champ devra s'élargir et porter davantage sur l'écologie, la coopération, les relations interpersonnelles et spirituelles, en un mot à tout ce qui donne sens ;*

• *impératif de sobriété, de distinction entre l'essentiel et le superflu, qui va s'imposer sous de multiples formes, avec le risque de dégénérer en austérité imposée aux plus fragiles, s'il n'est pas appliqué en proportion des possibilités de chacun ;*

• *impératif de justice qui devra conduire à inventer de nouvelles formes de redistribution pour que le principe d'égale dignité soit effectivement mis en pratique dans un contexte où on ne peut plus compter sur une augmentation rapide des richesses ;*

• *impératif de fraternité pour relier liberté et égalité, pour inspirer nos changements personnels et collectifs, pour faciliter le dialogue démocratique et pour renforcer nos solidarités et coopérations.*

Conscients de toutes ces transformations de la société qui se cherchent, les associations signataires appellent à ouvrir un espace civique où serait débattue la nature de la société française dans laquelle nous voulons vivre et que nous voulons laisser aux générations futures.

Cela passe par de ***nouveaux modes et critères de développement et de nouvelles priorités politiques et institutionnelles****, mais aussi par* ***une solidarité en actes à l'égard des plus démunis****, par un redéploiement et une modération de nos modes de consommation, par une stimulation de nos capacités relationnelles et de nos sources culturelles, par une prise en compte de notre vulnérabilité comme* *de notre responsabilité à l'égard de la société, de la planète et des générations futures.*

Cela implique de prendre en compte les ***dimensions européennes et mondiales*** *de la préparation de notre avenir commun.*

Les présents signataires ne sous-estiment pas les difficultés et obstacles que cette mutation va rencontrer et les risques qui en découlent : risques immédiats d'accroissement des inégalités et de l'exclusion, risque de conflictualité généralisée faute d'obtenir un accord suffisant sur les efforts à faire, risque enfin que les impératifs écologiques servent de prétexte a un renforcement des attitudes autoritaires et sécuritaires.

Seule une amélioration de la qualité de fonctionnement de notre démocratie permettra de faire face à ces risques, qu'il s'agisse de l'engagement responsable des citoyens, du fonctionnement de nos institutions, des comportements du personnel politique ou des pratiques des médias. C'est pourquoi, dans un esprit de réciprocité, symétriquement aux engagements que nous proposerons et prendrons, nous interpellerons les principaux leaders politiques et les grands médias en leur proposant d'adhérer à des chartes de qualité démocratique et à faire preuve de plus d'écoute, de plus d'esprit de service et de plus de capacité de vision.

Pour aider à rendre visibles les initiatives en cours et à les fédérer autour d'engagements, à la fois individuels et collectifs, nous proposons d'initier en France un « Pacte Civique ». Ce Pacte serait proposé à la signature de tous ceux, individus et collectivités, qui s'engageraient :

- ***à adopter un certain nombre de comportements personnels*** *autour notamment de la notion de sobriété créative et solidaire ;*
- ***à militer pour un ré-outillage démocratique*** *de nos diverses organisations autour notamment de la promotion de l'éthique du débat, de la reconnaissance de la diversité, du principe de responsabilité et de la coopération entre acteurs ;*
- ***à soutenir des orientations politiques qui promeuvent la qualité démocratique*** *et visent à remettre l'économie et la culture au service de l'homme et non l'inverse et qui, à cet effet, réduisent les inégalités par une redistribution des richesses et donnent aux plus démunis et à ceux qui sont ou se sentent marginalisés la possibilité de participer effectivement à la construction et à l'évaluation des politiques qui nous concernent tous.*

Le pacte civique, deux ambitions et quatre impératifs

Nous transformer et transformer nos organisations pour transformer notre société

En cette période de fortes mutations, il nous faut affronter des changements multiples et gérer des transitions difficiles sans que nous sachions vers où aller. La conviction des initiateurs du Pacte civique, comme le montre le texte de leur plateforme commune ci-dessus, c'est qu'il faut « *ouvrir un espace civique où sera débattue la nature de la société française dans laquelle nous voulons vivre et que nous voulons laisser aux générations futures.* » Cet espace civique pour prendre corps doit reposer, dans un esprit de réciprocité, sur les engagements pris par les personnes et les organisations adhérentes au Pacte civique comme par les leaders et médias qui seront interpellés pour « *adhérer à des chartes de qualité démocratique et faire preuve de plus d'écoute, de plus d'esprit de service et de plus de capacité de vision.* »

Le Pacte civique propose ainsi à tous des engagements permettant de changer un certain nombre de comportements personnels et de renforcer l'outillage et les pratiques démocratiques de nos organisations depuis nos associations jusqu'à nos syndicats, nos partis politiques, sans oublier nos entreprises et nos collectivités locales.

La première ambition du Pacte civique, c'est donc de nous aider à nous transformer et à transformer les organisations et groupes où nous sommes acteur ; en effet les changements de nos attitudes et de nos comportements individuels et collectifs, les interactions entre transformations personnelles et transformations sociales doivent progressivement permettre de transformer notre société pour qu'elle soit capable de maîtriser les mutations en cours.

La seconde ambition du Pacte civique, c'est de promouvoir une démocratie de qualité à tous les étages ; il s'agit de réinventer ensemble notre démocratie (voir ci-après).

Ces transformations et ces réinventions ne pourront être réussies que si elles sont porteuses de sens et donc liées à une vision transformatrice ; comme le dit la plateforme, *« il faut ouvrir largement le débat sur l'essentiel, sur la civilisation que nous voulons désormais bâtir en Europe, à l'ère de la mondialisation et du monde fini. »*

Patrick Viveret lie la vision transformatrice à une résistance créative et à une expérimentation anticipatrice. Jean-Baptiste de Foucauld propose trois cultures du développement, la résistance, la régulation et l'utopie. Reprenant ces messages, les initiateurs du Pacte civique cherchent à la fois à mobiliser les citoyens sur l'utopie du monde meilleur que nous allons bâtir ensemble et sur l'importance de résister aux dérives multiples de nos sociétés et de nos démocraties en inventant des voies nouvelles.

Enfin, persuadés qu'il faut appuyer les dynamiques de changement sur des valeurs partagées donnant de la force au pacte proposé, les initiateurs du Pacte civique ont mis en exergue quatre valeurs considérées comme des impératifs, la créativité, la sobriété, la justice, la fraternité.

Jean-Claude Devèze,
un des porte-parole du Pacte civique

Réinventer ensemble notre démocratie

La question de la solidité et de la durabilité de nos modes de gouvernement se pose à une France dont la population de plus en plus diverse a du mal à se rassembler pour affronter une crise multiforme. Reposant sur des institutions et des procédures initiées depuis la révolution de 1789, notre régime démocratique a jusqu'à maintenant (sur)vécu grâce à la volonté des citoyens de faire ce qu'il faut pour réguler le vivre ensemble en s'appuyant sur des réflexes ancrés dans les mentalités d'une majorité d'entre eux. Mais cet héritage, si nous ne le renouvelons pas, va-t-il suffire pour faire face aux défis d'un monde en mutation ?

La question de la confiance en la démocratie et en nos élus se pose en effet à tous les niveaux, sur le terrain, dans les collectivités locales et au plan national et européen. C'est donc une nouvelle démocratie qu'il faut inventer ou réinventer à tous les « étages » (local, régional, national, transnational et mondial[1]), mais aussi dans tous les domaines (économique, écologique, social, sociétal[2], culturel).

---

1. Quand au niveau mondial, déterminant pour l'avenir de plus en plus de biens communs de l'humanité, il apparaît encore comme échappant à toute régulation démocratique.

2. Pierre Rosanvallon parle de démocratie sociétale, posant ainsi la question du rôle de la société civile qui, elle-même, doit s'organiser pour tenir place dans l'espace civique.

Le renouvellement de notre vie démocratique est en effet à considérer sous plusieurs angles complémentaires, celui de nos pratiques démocratiques sur le terrain et celui de nos comportements personnels, mais aussi celui des institutions et procédures porteuses de qualité démocratique.

Nos pratiques démocratiques ne sont pas toujours à la hauteur des enjeux de plus en plus complexes auxquels nous devons faire face. Pour renouveler ces pratiques et les renforcer, de nombreuses voies sont actuellement explorées, en particulier :

– une première voie est celle de la démocratie participative ; pour dépasser ce concept usé, il est proposé d'articuler la démocratie d'implication – citoyens et élus s'impliquant sur les thèmes politiques et les projets qui les concernent – avec la démocratie de délibération[3] – citoyens et élus délibérant de ces thèmes et de ces projets pour clarifier les choix à effectuer et rechercher des compromis – dans le cadre d'une démocratie d'élaboration de décisions appropriées et appropriables. Cette approche d'une démocratie constructive exigeante[4], déjà expérimentée au sein de certaines collectivités locales, nécessite ensuite d'évaluer la qualité des processus mis en œuvre et les résultats obtenus ;

3. Voir l'engagement 18 du Pacte civique « *Promouvoir l'éthique de la délibération et de la décision* ».

4. Voir Jo Spiegel www.democratie-spiritualite.org/Construire-une-démocratie-exigeante.html

– face à l'augmentation des personnes exclues, en grande pauvreté, marginalisées ou ayant l'impression d'être des citoyens de seconde zone, une seconde voie s'appuie sur les initiatives prises pour donner aux sans voix les possibilités d'être partie prenante de notre société. La volonté d'inventer avec les personnes en situation d'exclusion des modes d'écoute, d'expression et de prise en considération est au centre du projet de nombreuses organisations de la société civile qui peinent à le faire partager par nos concitoyens comme par nos élus ;

– face à la difficulté d'exercer notre rôle de citoyen capable de débattre des choix politiques qui conditionnent nos vies et celles de nos enfants, une troisième voie consiste à promouvoir une éducation citoyenne permettant de comprendre le monde dans lequel on vit et les choix qui déterminent l'avenir. De trop rares associations, mouvements ou initiatives, comme le service civique, travaillent à renouveler ce qui s'appelait autrefois l'éducation populaire.

Par ailleurs, dans nos multiples organisations, syndicats, partis, associations, etc., la façon dont s'exercent les responsabilités, dont se prennent les décisions, dont se renouvellent régulièrement les élus constitue un terrain qui peut être propice aux apprentissages de pratiques démocratiques de qualité. C'est en fait chacun de nous comme toute la société qui doivent faire vivre partout une culture démocratique permettant d'impliquer et de former des citoyens et de promouvoir des élus prenant leurs responsabilités.

Ce qui précède conduit à s'interroger sur l'importance des transformations personnelles nécessaires pour faire face à des exigences démocratiques de plus en plus importantes : il s'agit pour citoyens et élus d'agir ensemble pour un bien commun difficile à définir et à construire du fait des mouvements chaotiques de nos sociétés.

Nos démocraties occidentales ont certes gagné le combat pour affirmer l'autonomie juridique de l'individu face à des systèmes de sens trop contraints et ne respectant pas la liberté de chacun ; par contre, elles ont de plus en plus de mal à définir des bases constructives communes face à un foisonnement de libertés individuelles qui dissout et/ou disperse les identités. Comme le rappelle J.-B. de Foucauld, notre démocratie *« hésite à aborder ou à reconnaître pleinement ce territoire inconnu où n'opèrent pas ses instruments usuels : comment peut-elle et doit-elle travailler démocratiquement sur le sens, sur les identités, sur le monde commun des multiples différences ? Faute d'en prendre le risque, tout tend à démontrer qu'elle prend le risque de l'insignifiance. Il faut qu'elle fasse pressentir aux individus, à ceux dont l'identité est flottante et en manque de projet, qu'elle reconnaît cette dimension intérieure, et même qu'elle la requiert.* »[5]

Face à cette quête d'identité et de sens, nos sociétés doivent mobiliser des voix de prophètes permettant les prises de conscience des défis à relever et des exigences correspondantes ; elles ont ensuite besoin des voix de leaders capables de mobiliser les énergies des citoyens en rendant cohérents des projets porteurs d'un futur désirable et les façons de les mettre en œuvre ; elles requièrent enfin des voix de citoyens prêts à se mobiliser dans la durée pour soutenir les leaders en qui ils mettent leur confiance.

Bien entendu, repenser nos institutions et les procédures pour les faire fonctionner sera aussi déterminant pour créer le cadre permettant de lutter contre les dérives autocratiques et de renouveler notre démocratie. Mais ce cadre ne permettra de progresser que si nos mentalités et nos comportements se mettent au service d'un bien commun. À l'heure de la montée des égoïsmes individuels et collectifs, en particulier des nations en complicité avec des oligarchies politicofinancières, il nous faut prendre le temps de définir ensemble ce bien commun et créer l'état d'esprit pour le construire.

5. Voir www.democratie-spiritualite.org/La-democratie-une-valeuspirituelle.html

La force du Pacte civique repose sur sa démarche originale qui fait reposer le renouvellement de notre démocratie sur nos efforts conjoints comme personnes faisant des choix dans nos vies, comme acteurs de la vie collective et comme citoyens cherchant à inventer un futur désirable pour tous dans le cadre d'institutions démocratiques rénovées. Cette démocratie réinventée doit favoriser un vivre ensemble dans la durée, à la fois viable grâce à une créativité permettant d'affronter les mutations en cours, vivable grâce à une fraternité et une sobriété porteuse de solidarités, équitable grâce à une justice permettant d'équilibrer droits et responsabilités.

Jo Spiegel, maire de Kingersheim, et Jean-Claude Devèze, un des porte-parole du Pacte civique

Une créativité porteuse de sens

« Le futur est pareil à la beauté, tout est dans l'œil de celui qui regarde. » Pablo Picasso

L'impératif de créativité, dans le Pacte civique, c'est un appel à être tous créateurs de sens. C'est ne pas rester uniquement sur le constat des inégalités croissantes, de la dégradation de la démocratie, des limites de la nature, de la montée de la dette, du chômage, de l'exclusion et des violences pour s'engager à la fois à titre individuel et collectif. L'expression de Gandhi, « Nous devons être le changement que nous voulons voir dans le monde », reflète parfaitement l'esprit de notre démarche. Il s'agit d'incarner davantage le rapport à ce qui nous entoure, la coopération, les relations interpersonnelles, l'approfondissement spirituel, en un mot, à tout ce qui donne sens.

Nous remarquons tous les jours que des personnes parviennent à trouver des ressources qu'ils ne soupçonnaient pas. Qu'il s'agisse de simple « courage », d'« instinct vital » ou de profondes « quêtes d'identité », des énergies personnelles latentes se font jour, et prennent des formes très différentes : conscience morale, humanisme, profondeur, intériorité, transcendance, espérance... Dans ce sens, la créativité comme force de vie est présente chez chacun d'entre nous.

Elle est portée par le « souffle vital », « l'âme » en Occident, le « prana » en Inde, le « qi » en Asie, présent dans toutes les civilisations. Elle est universelle puisqu'on la retrouve dans toutes les cultures. C'est l'énergie de rebond, d'expansion, d'inspiration. C'est ce qui fait que l'on trouve en soi ce quelque chose qui nous aide à surmonter une épreuve, à trouver une voie nouvelle, à trouver un sens plus profond à ce qui nous arrive. Cette énergie, elle peut se manifester dans nos moments les plus tristes tout comme dans les moments de très grand bonheur.

La créativité est donc présente en chacun de nous, mais elle se développe plus particulièrement quand certaines conditions sont réunies. On sait à présent que la créativité est étroitement liée au rêve et à la capacité d'imaginer. C'est ce qui explique que se laisser aller, « débrancher », s'évader, sortir de ses tâches quotidiennes, accepter de mettre du vide et du silence dans sa vie soient si importants. C'est comme un corps qui a besoin d'oxygène pour fonctionner. Albert Camus ne disait-il pas que « Ce sont les rêveurs qui changent le monde, les autres n'en ont pas le temps » ?

Passer du temps pour soi et avec soi constitue une forme d'engagement prioritaire. C'est vital pour tous les artistes comme pour tout un chacun. La créativité trouve son point ultime chez l'artiste qui crée. On parle alors moins de créativité que de création. Celle-ci est à la fois douloureuse, libératrice et impérative.

Écouter son intuition, prendre du temps, se connecter avec une forme de transcendance, c'est fondamental pour créer, mais également pour améliorer son rapport aux autres. Il existe la créativité du commun des mortels, de celui qui s'invente, se réinvente, évolue, se transforme. Celui qui, en un mot, est engagé dans une quête et cherche à donner un sens à sa vie. Ce sont ces personnes qui parfois trompent par leur apparence, par leur simplicité, voire insignifiance apparente. Être créatif, c'est être acteur de son devenir, construire sa vie. « La vie est une prison quand on ne la construit pas », disait Antonio Negri.

Étant donné les transformations planétaires qui se dessinent, qu'elles soient technologiques, économiques, écologiques ou socioculturelles, certaines personnes ressentent la nécessité de prendre conscience de ce qui se passe. C'est donc le besoin de donner du sens à ces transformations qui attise notre curiosité et nous oblige à nous remettre en cause ou à aller chercher de nouvelles ressources.

Pour certains, le changement est continu ; pour d'autres, nous vivons une mutation qui est profonde et nous appelle à revoir nos paradigmes. Ce qu'il y de commun dans ces différentes représentations, c'est l'importance de ce que nous voulons construire et ce à quoi nous aspirons profondément.

Pour Ervin Laszlo[6], dans cette ère de bifurcation, nos valeurs sont appelées à évoluer en même temps que nous sommes amenés à construire une nouvelle représentation de nous-mêmes, du monde et de nos place et rôle dans le monde. Comme le souligne Thomas Homer-Dixon[7], nous ne pourrons résoudre la question du changement climatique sans être parvenus à un consensus sur ce que nous entendons par qualité de vie et sur ce que nous voulons pour nos enfants et nos petits-enfants. Cela implique que les grands sujets comme l'éducation, les nanotechnologies, la biogénétique, le développement économique, l'accès à l'eau, le devenir des biens communs de l'humanité, pour ne citer qu'eux, soient abordés également dans leur dimension éthique.

La créativité conduit ainsi à aborder ainsi la question des valeurs spirituelles et existentielles, le sens que l'on cherche à créer. Promouvoir la diversité culturelle, relier les sciences, les arts et les spiritualités constituent un premier pas. Cette idée est portée par un certain nombre de chercheurs comme Ervin Laszlo ou Théodore Zeldin[8] mais on retrouve l'idée de message de paix et de dialogue universels bien avant eux. Ce qui est visé, c'est bien le dialogue entre tous les peuples, les cultures, les personnes.

---

6. Fondateur du Club de Budapest, philosophe des sciences, Hongrois.

7. Professeur en développement durable, Canadien.

8. Professeur et historien, Britannique.

Prendre conscience que nous sommes unis de manière planétaire et que notre destin est commun. C'est nous relier plus fondamentalement à la nature, à la Terre patrie, à l'écologie globale de notre civilisation.

Car après tout, ce qui compte, c'est la manière de nous représenter le monde et de partager nos visions. « L'imagination est plus importante que la connaissance », disait Albert Einstein, ce qui ramène à la nécessité de prendre du temps pour rêver, de libérer notre imaginaire. Dans nos sociétés très fortement orientées vers la consommation, le court-termisme, l'immédiateté, cela implique un acte d'engagement, de marcher à contre-courant ou de sortir du cadre. C'est ici que nous rejoignons le courage de l'artiste qui exprime sa vision sans tenir compte des modes ou du politique qui présente une vérité qui dérange nos conforts.

Mais la créativité recèle également quelque chose de plus altruiste. Elle nous amène à être source d'inspiration les uns pour les autres. Car comment en rester à conscientiser sa propre représentation, à déployer son inspiration et à incarner sa créativité sans la partager avec d'autres ? « Une chandelle ne perd rien de sa flamme lorsqu'elle contribue à en allumer d'autres », disait Albert Camus. Au contraire. Comment transmettre ce que nous avons de meilleur à offrir au monde si ce n'est par la voie de notre créativité ?

Dans cette conception de la créativité, nous insistons sur la dimension interrelationnelle, sur ce qui fait que, tous ensemble, nous pouvons employer notre énergie à la construction d'une société plus fraternelle, plus sobre et plus juste. Nous sommes amenés collectivement à investir la dimension éthique de la civilisation et à renforcer le sens du bien vivre ensemble. Anatol Rapoport[9] disait que « le développement moral d'une civilisation peut se mesurer à l'étendue de son sens de la communauté. »

▸ **Le Pacte civique fait appel à notre créativité, à la fois individuelle et collective, pour nous transformer et inventer un futur désirable pour tous.**

Carine Dartiguepeyrou,
présidente du Club de Budapest (France),
une des porte-parole du Pacte civique

9. Psychologue cité par Thomas Dixon.

Une sobriété inspiratrice d'un art de vivre

Le pacte civique fait de la sobriété l'une de ses quatre orientations fondamentales avec la créativité et la fraternité. Et il situe cette exigence de sobriété en lien avec la nécessité de plus de justice sociale et écologique. Pour comprendre ce lien, il faut situer la sobriété comme alternative à la démesure, ce que les Grecs nommaient « l'hubris ». Or la démesure est au cœur du caractère systémique de la crise, c'est elle qui établit un lien étroit entre les facettes écologiques, sociales financières et même politiques de cette crise. Sur le plan écologique la démesure c'est celle d'un rapport prédateur et productiviste à la nature qui conduit par exemple à épuiser en quelques générations des ressources pétrolières accumulées au cours de millions d'années, dérègle le climat du fait d'un dégagement excessif de gaz à effet de serre d'origine humaine et met gravement en cause la biodiversité des espèces. Sur le plan social c'est l'explosion des inégalités tant à l'échelle planétaire (les trois plus grandes fortunes correspondent aux revenus des 48 pays les plus pauvres) ou même dans nos sociétés (la fortune personnelle de la première fortune de France équivaut à plusieurs milliers de SMIC). Sur le plan financier, c'est là que la démesure est exponentielle : elle se traduit par le graphique spectaculaire suivant que l'on doit à Bernard Lietaer qui fut l'un des responsables d'une banque centrale (celle de Belgique). On y constate que la part de l'économie proprement spéculative c'est-à-dire la part des flux financiers qui ne correspondent pas à des biens et des services effectifs représente moins de 3 % des échanges quotidiens sur les marchés financiers.

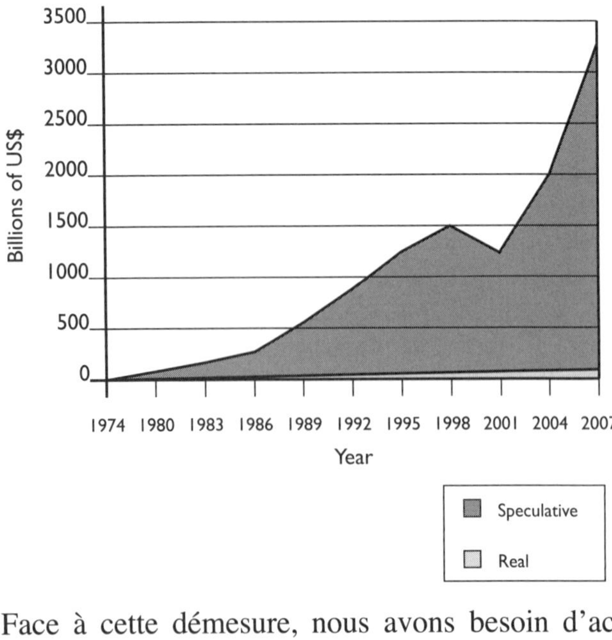

Face à cette démesure, nous avons besoin d'accepter des limites ; c'est tout l'enjeu d'un mode de développement plus sobre ou plus frugal. Il s'agit de sortir des logiques de l'excès dans ces trois domaines. Sur le plan financier, c'est l'enjeu de la régulation des marchés et de la mise en cause de cette « économie-casino » qui ne dispose même pas des règles d'encadrement des casinos eux-mêmes, notamment l'interdiction de jeu ou les plafonds de jeu pour les joueurs dont les comportements sont frauduleux, abusifs ou addictifs. Sur le plan social c'est la lutte contre les inégalités et la limitation des écarts de revenu. Sur le plan écologique c'est l'adoption d'un mode de développement soutenable et la nécessité de réorienter nos investissements en ce sens. Mais cette alternative à la démesure vaut aussi dans le rapport au pouvoir. La chute du mur de Berlin et l'effondrement de l'empire soviétique il y a vingt ans, tout comme la chute des régimes despotiques arabes aujourd'hui signe aussi l'insoutenabilité de la démesure dans les rapports au pouvoir de même que nous vivons aujourd'hui l'insoutenabilité du rapport à la richesse prônée par « l'hypercapitalisme ».

Cette démesure-là nous rappelle que, à la différence des années trente, ce n'est pas en basculant de l'extrême du laisser-faire à l'extrême des logiques bureaucratiques que l'on résout le problème du vivre ensemble. C'est l'enjeu d'une économie plurielle insérée dans une démocratie vivante qui constitue un autre volet important du pacte civique. Et c'est aussi l'enjeu du projet des « sociétés du bien vivre » évoqué au forum social mondial de Belem en 2009 dans l'Amazonie brésilienne. Car la sobriété ne peut réussir que si elle est liée à une qualité de vie supérieure dans l'ordre relationnel et spirituel. Ce doit être, pour reprendre l'expression stimulante de Pierre Rabhi, « une sobriété heureuse ». La démesure est en effet, ne l'oublions pas, un symptôme de mal-être et de mal de vivre : de même que la boulimie, la toxicomanie, l'alcoolisme signent des états de mal-être individuels, la démesure dans la course à l'avoir de nos sociétés répond à leur profond mal de vivre dans l'ordre de l'être. Un rapport guerrier à la nature (prédation), à autrui (rivalité) et à soi-même (stress) conduit à des sociétés boulimiques où les dépenses publicitaires représentent, selon les Nations Unies dix fois les sommes qui seraient nécessaires pour satisfaire les besoins de base de l'humanité en nourriture, eau et soins de base. On retrouve la même proportion à propos des dépenses concernant les drogues et les stupéfiants. Cela signifie que la misère matérielle des uns ne résulte pas d'une rareté effective, mais de l'absence de répartition de richesse liée au « toujours plus » que génère la misère affective et spirituelle des autres. C'est donc face à ce couple formé par la démesure et le mal de vivre qu'il nous faut construire ensemble un autre couple fondé sur la sobriété et l'art de vivre.

Patrick Viveret, collectif richesses, Colibris,
un des porte-parole du Pacte civique

Une justice au cœur

Représentée dans la mythologie par une divinité aux yeux bandés, tenant d'une main les plateaux d'une balance, et de l'autre, un glaive, la justice évoque d'abord l'expression d'une vérité objective : équilibre, intransigeance et impartialité. Notion philosophique, juridique, morale ou encore institutionnelle, la justice s'est ensuite définie, au travers des âges et des cultures, comme porteuse de significations diverses ; elle garde cependant en filigrane cet aspect normatif visant à définir les rapports d'équité et d'égalité au sein d'un système relationnel et, plus généralement, au sein de la société.

Cette approche de la justice a le grand mérite de rejeter l'état de non-droit, les abus de régimes tyranniques ou claniques, les pouvoirs corrompus. Elle ne semble pas en revanche éviter, elle paraît même ignorer, les souffrances de ceux qui, en situation de faiblesse, n'ont pas accès aux droits essentiels ; à leur égard, elle ne fait pas preuve d'humanité, elle ne témoigne pas de ce que Joseph Wresinski, fondateur du Mouvement ATD Quart Monde, appelait la « justice au cœur ». Dans une conférence prononcée aux Pays-Bas le 15 novembre 1986, après avoir rappelé la nécessité d'une plus grande justice, portée par de nouvelles lois protectrices de sécurités pour les familles victimes de la misère, il ajoute :

« La première injustice, celle qui doit, la première, s'arrêter, est l'injustice du cœur. C'est la plus terrible des injustices qui fait qu'un homme puisse se croire supérieur à un autre homme, se croire en droit de le mépriser. » Et il poursuit : « Enfants, ces fonctionnaires n'ont pas appris cette justice au cœur qui dit que tout autre enfant est un frère, un camarade. Alors, aujourd'hui, comment auraient-ils la justice dans leurs dossiers, dans leurs lois ? »

Ceci nous rappelle que la question de la justice ne se limite pas à l'institution judiciaire proprement dite, qu'elle concerne l'école, la famille, l'éducation individuelle et collective. Mais également que la justice ne peut se concevoir détachée du terreau de la fraternité. Son aboutissement en termes de lois et de règlements est conditionné par les valeurs que porte la société : liberté, égalité, fraternité. La démarche du Pacte civique, qui mobilise les échelons de l'individu, des groupes d'appartenance et de la décision nationale, voire européenne, est pertinente pour cette approche : la question de la justice est posée à chaque citoyen, à chaque corps intermédiaire ainsi qu'au niveau national.

Or, qu'observe-t-on aujourd'hui ? Des écarts de revenus extravagants qui vont directement à l'encontre des solidarités sociales ; des différences injustifiables et persistantes de situation professionnelle entre les hommes et les femmes ; une stigmatisation des plus fragiles qui, outre le fait d'être écrasés de difficultés, sont montrés du doigt en permanence, comme s'ils avaient choisi délibérément leur situation de précarité ; un détournement de l'institution judiciaire qui vise à mobiliser et exacerber les peurs collectives pour masquer les impuissances de l'État.

La dynamique du Pacte civique conduit à une reconquête du sentiment de justice au niveau interpersonnel, et en premier lieu à l'école, en famille, au niveau des entreprises, où la pression de résultats de très court terme conduit souvent à un management déshumanisant dans les relations de travail et la répartition des revenus. La loi, et en particulier la loi pénale, doit faciliter et même consacrer le renouveau de la justice. La recherche permanente de droits communs, assurés de manière concrète et effective à tous, doit être poursuivie avec persévérance par le législateur qui s'appuiera sur l'expérience de vie des personnes qui connaissent les plus grandes difficultés dans l'accès à ces droits.

La justice, entendue largement, conditionne notre vivre ensemble. Il convient que la société accepte de payer le prix d'une institution judiciaire garantissant l'accès équitable de tous aux droits reconnus. Pour cela, elle doit disposer de l'indépendance, de la sérénité et des moyens matériels nécessaires à son plein exercice. En retour de ce soutien de la société, il faut que l'encadrement réglementaire ne soit pas inhibiteur de l'initiative citoyenne, qu'il permette en particulier que vive de manière équitable un secteur économique à but non lucratif à côté d'un secteur purement marchand, poussé par le moteur de la recherche du profit.

Pierre-Yves Madignier,
président d'ATD Quart Monde France,

et Claude Alphandery,
président du Labo de l'économie sociale et solidaire,
une des porte-parole du Pacte civique

La Fraternité comme horizon d'un nouveau contrat social

La fraternité n'a pas de famille ; elle appartient à tous ceux qui pensent et agissent pour que la crise de civilisation dans laquelle nous entrons conduise à la reconnaissance de nos interdépendances et débouche sur un nouveau contrat social.

En 1997, Edgar Morin et Sami Naïr lançaient un défi, celui de définir une nouvelle civilité dans un monde de plus en plus complexe et agressif. Longtemps oubliée, leur idée d'une politique de civilisation trouve aujourd'hui une nouvelle résonance, avec la perception généralisée d'une crise multiforme aux effets dévastateurs. Face à l'omniprésence du système concurrentiel et aux excès de l'individualisme et du consumérisme, la nécessité de donner un contenu positif à l'interdépendance des peuples et des individus s'accroît.

Et lorsque c'est ce choix qui prévaut, il s'exprime de plus en plus à travers une ambition : parfaire le sens du modèle républicain en donnant toute sa résonance à la devise républicaine dans ses trois dimensions. Après que le XIXe siècle ait promu la liberté et le XXe l'égalité, le XXIe siècle pourrait se donner la responsabilité de construire une société plus fraternelle.

Car la fraternité peut être bien autre chose qu'une démarche individuelle ou une dynamique de clan ou de communauté. Elle peut être l'épine dorsale d'un véritable projet de société. À condition bien sûr de bien s'entendre sur la notion de Fraternité, en particulier au regard d'un concept voisin mieux ancré dans la culture française : celui de Solidarité.

La fraternité : une solidarité décuplée

Les deux concepts de fraternité et de solidarité ont entretenu au fil des siècles une forme de concurrence. Si la Fraternité l'a emporté dans la symbolique républicaine, c'est la Solidarité qui s'est jusqu'à présent imposée dans le discours politique et l'imaginaire collectif. Pourtant, il faut l'affirmer avec force : loin de s'opposer à la Solidarité, la Fraternité l'englobe et l'enrichit.

La solidarité traduit avant tout l'engagement juridique de la société envers les plus faibles. Elle est indispensable et chaque avancée sociale doit être saluée, d'abord pour la réponse qu'elle apporte aux personnes en difficulté, mais aussi parce qu'elle contribue à la cohésion de la société. On a tendance à l'oublier quand on s'interroge sur ses coûts, mais une société sans solidarité est une société éclatée qui laisse la part belle aux communautarismes quels qu'ils soient. L'homme délaissé est contraint de s'enfermer dans un groupe prédéterminé étanche au reste de la société. On est alors aux antipodes du contrat social, bâti sur l'appartenance de l'homme à un ensemble quelles que soient ses origines, ses croyances et ses facultés.

Pour autant, contrairement à une pensée dominante depuis trente ans, la solidarité de droits ne suffit pas à faire société. En effet, prospérité et individualisme aidant, nous avons progressivement fondé la solidarité sur des dispositifs et des normes, en l'opposant souvent aux solidarités spontanées et à l'engagement citoyen.

Ce faisant, nous avons paradoxalement, par l'affaiblissement du corps social, renoncé inconsciemment à un outil de défense de nos droits. Or on ne le dira jamais assez, une société désunie est fragilisée et donc désarmée.

En outre, les phénomènes sociaux ne se résument pas à des questions de droits. La déliquescence du lien social aggrave la vulnérabilité des familles, des enfants et des personnes âgées. L'intervention de professionnels ne suffit pas si elle ne permet pas d'inscrire durablement la famille et les personnes dans le tissu social. L'isolement, la solitude et le mal-être condamnent à l'impuissance nos dispositifs sociaux, si ingénieux soient-ils, si la société française n'entretient pas suffisamment les valeurs de respect, d'écoute et d'entraide.

C'est dire si la solidarité et la fraternité ont partie liée. Loin d'être une menace pour notre système social, la fraternité est au contraire la condition de son efficacité. C'est aussi la condition de sa survie si l'on considère la massification des processus d'exclusion. Au-delà de toute polémique il faut bien reconnaître que notre système de solidarité est confronté à des difficultés de financement majeures. C'est une raison supplémentaire pour ne plus se contenter de *traiter* les phénomènes d'exclusion. Tout nous invite aujourd'hui à s'engager beaucoup plus activement dans la *prévention* des risques d'exclusion.

Et de ce point de vue, si la lutte contre le chômage doit bien entendu être une priorité, la redynamisation du lien social constitue un levier d'action que l'on aurait tort de négliger.

La fraternité : une ambition républicaine

Chacun découvre l'ampleur des dégâts engendrés par le repli sur soi, avec la progression de l'intolérance et de la violence ordinaire. Et l'on commence à admettre que s'il ne peut y avoir de fraternité sans sécurité, il ne saurait y avoir de sécurité sans fraternité.

Progressivement se diffuse le sentiment que si l'État peut favoriser le vivre-ensemble, celui-ci résulte d'abord de la volonté de tous. Autrement dit, comme l'avait annoncé Edgar Morin : avec la prise de conscience de la vulnérabilité vient le temps de la redécouverte de l'autre.

L'époque est donc propice pour interroger notre modèle de société. D'ailleurs la réapparition du mot « fraternité » dans les discours politiques et dans les médias montre que le concept est devenu « tendance ». C'est un signe positif, à condition que la fraternité n'irrigue pas seulement les discours mais se traduise par une efflorescence d'initiatives susceptible de provoquer un mouvement de toute la société.

C'est cette conviction qui s'est exprimée en 1999, à la veille du changement de siècle et de millénaire, à travers « l'Appel à la Fraternité » lancé par une centaine de personnalités, issues du monde politique et associatif. Fondé sur le refus d'une société de plus en plus déstabilisée par la précarité économique mais aussi par la précarité relationnelle et identitaire, ce manifeste appelait les institutions mais aussi chaque citoyen à s'impliquer plus directement dans la reconstruction du vivre-ensemble.

Il s'agissait au fond de promouvoir une relecture exigeante de la devise républicaine, à partir du lien dialectique qui unit ses trois composantes. Comme l'excès de liberté peut nuire à l'égalité, l'excès d'égalité peut nuire à la liberté. C'est pourquoi la liberté et l'égalité ne trouvent leur pleine justification que dans leur référence à la fraternité.

Aussi pour les signataires de l'Appel, il ne s'agissait pas seulement d'une quête vertueuse mais d'une quête de survie pour notre modèle de société. Les libertés individuelles et collectives, l'égalité des droits et des chances doivent contribuer à la performance du vivre ensemble sous peine d'être progressivement remises en question par la progression de l'indifférence et du rejet de l'autre. Il faudra attendre 2004 et sa reconnaissance comme « Grande Cause Nationale », pour qu'une véritable chance de diffusion lui soit offerte, à travers sa promotion auprès des responsables locaux.

La fraternité : une citoyenneté réinvestie

Près de sept cents maires, dont deux tiers des maires des grandes villes de France, ont en effet signé une Charte de la fraternité issue de l'Appel. Ces maires se sont ainsi saisis du concept de fraternité pour donner une ambition nouvelle à la question du lien social.

Trois directions sont proposées dans cette charte. L'encouragement à l'engagement citoyen, à travers la valorisation de l'éthique de l'altérité et la mise en place d'un service communal de promotion et d'organisation du bénévolat ; la valorisation de la convivialité, de l'écoute et de l'entraide entre tous les habitants, à travers la multiplication des occasions d'échanges ; le renforcement des dynamiques intergénérationnelles, à travers la participation généralisée des plus âgés à la mission éducative et la lutte contre l'isolement des personnes dépendantes.

Et pour inscrire ces initiatives dans une démarche pérenne, les maires s'engageaient à impulser l'élaboration d'un projet global pour leur ville visant à irriguer l'ensemble des politiques locales d'un objectif commun : le développement de la citoyenneté et des solidarités de proximité.

Il s'agit donc d'une étape importante, nécessaire mais non suffisante. Il reste maintenant à concrétiser les engagements pris. C'est en particulier le but des Ateliers nationaux du Vivre Ensemble et de la Fraternité que d'impulser une dynamique nouvelle en créant une démarche de diffusion de tout ce qui peut renforcer le vivre ensemble et l'engagement citoyen, en fédérant davantage les acteurs locaux avec le soutien de grandes associations nationales.

Dans ce contexte où l'action locale est déterminante. Mais elle doit aussi prendre toute sa signification dans une démarche d'ensemble qui inscrit comme prioritaire l'impératif de fraternité et qui promeut de nouvelles pratiques citoyennes pour réinventer notre démocratie. Et c'est bien là tout l'intérêt du **pacte civique.**

Jean-Louis Sanchez, directeur délégué de l'Observatoire national de l'action sociale décentralisée, un des porte-parole du Pacte civique

Les 32 engagements proposés aux adhérents

Pour mettre en œuvre les deux ambitions et les quatre impératifs communs, il est proposé 32 engagements contribuant à changer nos mentalités individuelles et collectives.

Nous, associations et personnalités d'horizons divers, nous nous sommes constitués en Collectif pour agir face à des défis considérables, des menaces réelles de dislocation sociale et face au constat d'une certaine impuissance du politique.

Nous avons élaboré à partir de nos convictions et de nos expériences un certain nombre d'engagements.

Nous vous proposons d'y souscrire si vos convictions rejoignent les nôtres. En vous demandant de souscrire à ces engagements, nous ne prétendons pas traiter de tout ni nous substituer à qui que ce soit, nous cherchons seulement à construire les bases d'un « nouveau contrat social et citoyen », bases qu'il nous paraît nécessaire de partager pour amorcer une nouvelle phase de civilisation.

Ces engagements concernent chacun de vous à trois titres indissociables :

- au titre de personne soucieuse de mieux-vivre ;

• au titre d'acteur engagé dans la vie économique, sociale, culturelle ou civique ;

• au titre de citoyen participant à la vie politique de notre pays.

Nous imaginons bien que plusieurs de ces engagements sont éloignés de vos préoccupations ; cependant, si nous vous proposons d'adhérer à l'ensemble des engagements, nous vous demandons surtout de choisir ceux qui vous concernent et que vous allez chercher à mettre en œuvre.

En adhérant globalement aux engagements du Pacte civique, vous signifiez trois choses :

• vous faites confiance à d'autres pour les engagements où vous n'êtes pas impliqués ;

• d'autres vous font confiance dans les engagements où vous vous impliquez ;

• nous faisons confiance en notre capacité collective de changement pour résoudre des problèmes qui sont liés entre eux.

Par ailleurs, nous avons bien conscience que nul engagement n'est parfait ni définitif. La société est complexe, l'action ne coïncide pas toujours avec les intentions, ce qui apparaît juste et nécessaire à un moment donné peut se révéler contre-productif à un autre ; ces engagements peuvent évoluer. Les intentions qui les animent valent autant que les modalités de leur mise en œuvre.

La crise que nous subissons est à la fois financière, économique, sociale, écologique et morale.

Elle nous appelle à penser, agir, vivre autrement en démocratie, à partir de quatre impératifs fondamentaux : ***créativité, sobriété, justice et fraternité.***

À cet effet, **trois changements** sont à mettre en œuvre simultanément, car ils se conditionnent mutuellement et aucun ne peut suffire à lui seul :

- celui des comportements individuels ;
- celui du mode de fonctionnement des organisations ;
- celui des politiques et des institutions.

Nous appelons à adhérer au Pacte civique pour œuvrer à ***un futur désirable pour tous*** en s'efforçant de mettre en œuvre **ces trois types d'engagements :**

Chaque personne s'engage à appliquer à sa propre vie les quatre impératifs qu'elle veut pour la société. À cet effet :

1. Se donner régulièrement des temps de *pause* pour réfléchir au sens de son action et à l'équilibre de ses responsabilités.

2. Participer de manière constructive au *débat public* et prendre part aux votes.

3. Assumer ses obligations de *contribuable* et d'assureur/assuré social.

4. Consacrer du temps et/ou de l'argent à des *engagements d'intérêt collectif,* de solidarité ou syndicaux.

5. Aller à la rencontre de *l'autre*, quelle que soit sa différence, pour construire un vivre ensemble.

6. Reconnaître le *droit* à *la parole de chacune et de chacun* et favoriser l'expression individuelle ou collective de ceux qui ont le plus de difficulté à s'exprimer ou à se faire comprendre.

7. Lutter contre les gaspillages et adopter *des modes de vie plus équilibrés* qui préservent la planète.

Les organisations ou membres d'organisation s'engagent à promouvoir les quatre impératifs du Pacte civique et à évaluer comment ils se concrétisent, notamment :

8. Dans *l'éducation*, promouvoir les talents et faire prévaloir la coopération ainsi que la non-violence sur la compétition.

9. Dans les *collectivités locales*, développer l'esprit de fraternité au service d'un vivre ensemble durable, sans exclusive ni exclusion.

10. Dans *les entreprises*, donner au respect des personnes une importance au moins égale au souci de rentabilité, réduire l'échelle des revenus, et renfor-

cer la responsabilité sociale et environnementale dans le cadre d'une gouvernance élargie.

11. Dans les organisations *syndicales*, faire prévaloir l'accès de tous à un travail décent sur les revendications quantitatives ou catégorielles.

12. Dans les *associations et organismes de l'économie sociale et solidaire,* respecter les finalités, réactualiser le projet, et considérer le succès de chacun comme le succès de tous.

13. Dans les *banques et organismes financiers*, relier la prise de risque et la créativité à l'utilité économique et sociale des opérations et fixer des limites aux rémunérations.

14. Dans les *fonctions publiques et services publics*, redonner tout son sens et sa portée à la notion d'intérêt général et de service à la collectivité, pour tous les usagers sans exclusive.

15. Dans les *médias,* préserver leur autonomie et inscrire dans une charte déontologique le souci du débat démocratique et du rôle éducatif à l'égard des usagers.

16. Dans les *communautés spirituelles et courants de pensée organisés*, rechercher les valeurs communes du vivre ensemble dans le cadre de la laïcité.

17. Dans les *partis politiques*, donner la priorité aux enjeux réels sur les luttes internes et la com-

pétition externe, et privilégier le dialogue avec les acteurs de la société civile.

Citoyens, organisations (ou membres), et responsables politiques, militent pour :

▸ Améliorer la qualité démocratique grâce :

18. À la promotion de l'éthique de la délibération et de la décision, et leur mise en œuvre ;

19. À des innovations permettant une représentation plus équilibrée des femmes et des hommes et de toutes les populations : droit de vote pour les élections locales aux personnes étrangères régulièrement établies, reconnaissance du vote blanc, limitation stricte des cumuls de mandats et fonctions ;

20. À la mise en place d'un meilleur contrôle citoyen sur la dépense publique ;

21. À l'affectation de crédits des politiques publiques à l'expression et à l'organisation des citoyens, notamment les demandeurs d'emploi et bénéficiaires de minimas sociaux ;

22. À la régulation étroite des activités financières pour les relier à leur fonction économique.

▸ Renforcer les actions contre les inégalités, exclusions, discriminations et maltraitances :

23. En fixant les règles d'un contrat fiscal juste et redistributif pour faire face aux besoins collectifs, tout en prenant en compte l'environnement concurrentiel ;

24. En faisant de l'emploi de qualité pour tous, à temps choisi, une priorité nationale partagée ;

25. En évaluant puis relançant les politiques d'accès de tous aux droits de tous : alimentation, logement, énergie, santé, culture, etc. ;

26. En s'appuyant sur la participation et les capacités des habitants pour construire des nouvelles politiques de la ville et de la ruralité dans le cadre du développement des territoires.

▸ **Revivifier le « vivre ensemble », notamment :**

27. En recherchant avec toutes et tous et avec toutes les générations, et en particulier avec les jeunes et avec les femmes, les conditions de leur pleine participation à la société ;

28. En généralisant progressivement le service civique pour qu'il s'étende peu à peu à tous les jeunes et à tous les âges ;

29. En redéfinissant les finalités et les moyens d'une éducation populaire et citoyenne tout au long de la vie.

▸ Rendre l'Union européenne plus vivante, démocratique, sociale et plus active à l'extérieur :

30. En démocratisant la gouvernance européenne et en dotant le budget européen de ressources propres, afin de pouvoir développer les politiques communes internes et externes ;

31. En promouvant des équilibres écologiques soutenables pour préserver la planète ;

32. En intensifiant les partenariats et le codéveloppement avec l'Afrique et les pays du pourtour méditerranéen.

Des moyens de mise en œuvre des engagements

La mise en œuvre des 32 engagements qui précèdent relève de la conscience de chacun et des orientations retenues par les organisations adhérant au Pacte civique. Toutefois, pour que les choix faits soient à la fois rigoureux et cohérents, les moyens suivants devraient être envisagés. Ces moyens sont souvent issus des fiches thématiques préparatoires.

Ils ne sont pas exhaustifs. *Ils ont été* ***affinés, amendés et complétés,*** *notamment pour tenir compte des ateliers thématiques lors des journées de lancement du pacte civique, les 14 et 15 mai 2011. Ce travail sera poursuivi à partir des contributions de groupes locaux et thématiques.*

Engagements personnels

✎ **Engagement 1 :** *Se donner régulièrement des temps de pause pour réfléchir au sens de son action et à l'équilibre de ses responsabilités, notamment à l'égard de ses proches.*

➠ Rechercher un juste équilibre entre les temps que l'on consacre à la satisfaction de ses besoins matériels, relationnels, intellectuels et spirituels.

➠ Dans les lieux de vie, respecter les rythmes de chacun.

➠ Chaque année, se donner un temps particulier pour approfondir sa vision de la démocratie et pour la confronter avec sa pratique, selon des modalités à définir par chacun.

➠ Être conscient de son désir de pouvoir potentiellement excessif et s'efforcer de le transformer en désir de service et de sens.

✎ **Engagement 2 :** *Participer de manière constructive au débat public et prendre part aux votes.*

➠ Parmi les lieux ou les domaines de la vie en société, choisir celui ou ceux dans lesquels nous nous engageons à contribuer au progrès de la démocratie.

➠ S'informer et se former dans les différents débats auxquels nous participons, contribuer à la constitution d'un patrimoine de faits partagés et procéder à l'examen rigoureux des situations.

➠ S'attacher à respecter et faire respecter l'éthique du débat en évitant les comportements toxiques tels que déformer le discours d'autrui, généraliser abusivement à partir d'un fait ponctuel ou d'une expérience réduite, ou prétendre à un consensus non partagé par tous.

➠ Faire évaluer par d'autres sa capacité d'écoute, et se former à l'écoute d'autrui.

➠ Promouvoir la démocratie auprès de son entourage par l'exemple et la parole sans céder à l'esprit partisan.

✎ **Engagement 3 :** *Assumer ses obligations de contribuables et d'assureurs/assurés sociaux.*

➠ Payer ses impôts et cotisations sociales sans rechigner ni frauder.

➠ Éviter de pactiser sous une forme ou une autre avec le travail non déclaré.

➠ Faire usage des services des services de la collectivité en fonction de ses besoins réels et de ses capacités.

➠ Participer aux débats sur l'évaluation des dépenses publiques et sur les choix qui les justifient.

✎ **Engagement 4 :** *Consacrer du temps et/ou de l'argent à des engagements d'intérêt collectif, de solidarité ou syndicaux.*

➠ Adhérer à un syndicat ou à une association promouvant les valeurs démocratiques.

➠ Identifier ceux de nos comportements qui peuvent être, consciemment ou non, générateurs d'exclusion dans les différents champs de son activité et y remédier.

➠ Prendre sa part dans la lutte contre les exclusions, à la mesure de ses moyens, dans sa famille, son voisinage, ses relations, son activité professionnelle.

✎ **Engagement 5 :** *Aller à la rencontre de l'autre, quelle que soit sa différence, pour construire un vivre ensemble.*

➠ Faire l'effort de connaître et de comprendre la situation et le comportement des personnes, plutôt que de les juger.

➠ S'engager dans des projets citoyens favorisant l'égalité entre les femmes et les hommes ainsi que la mixité sociale.

✎ **Engagement 6 :** *Reconnaître le droit à la parole de chacune et de chacun et favoriser l'expression individuelle ou collective de ceux qui ont le plus de difficulté à s'exprimer ou à se faire comprendre.*

➠ S'initier aux différentes démarches participatives utilisées (croisement des savoirs, thérapie sociale, sociocratie, communication non violente, construction de désaccords, théâtre forum, etc.).

➠ Veiller à ne pas laisser la parole accaparée et interprétée par certains pour que tous puissent se faire entendre.

✎ **Engagement 7 :** *Lutter contre les gaspillages et adopter des modes de vie qui préservent la planète.*

➠ Promouvoir une alimentation saine et équilibrée, notamment auprès des plus jeunes, par exemple en réduisant la consommation carnée.

➠ Acheter, dans la mesure des possibilités, des produits et services de l'agriculture biologique ou raisonnée, du commerce équitable et de l'économie sociale et solidaire.

➠ Privilégier les formes d'épargne solidaire ou éthique.

➠ S'efforcer de mesurer et de réduire son empreinte écologique personnelle ainsi que son bilan carbone.

Engagements des organisations (et des membres des organisations)

Les organisations et mouvements, ainsi que leurs membres, s'engagent à :

• Examiner dans quelles mesures elles mettent en œuvre les quatre impératifs du pacte (créativité, sobriété, justice, fraternité).

• Évaluer le déroulement des débats et les conditions de la délibération et de la décision en leur sein afin de les améliorer : en particulier, ouvrir les débats à des participants inhabituels, ou négligés, et initier des méthodes innovantes pour gérer les désaccords.

• Analyser les conditions dans lesquelles sont préparées et prises les décisions.

✎ **Engagement 8 :** *Dans l'éducation, promouvoir les talents et faire prévaloir la coopération ainsi que la non-violence sur la compétition.*

➠ Mettre en œuvre une pédagogie qui valorise tous les types de compétences et de talents et pas seulement les aptitudes à l'abstraction et à la verbalisation.

➠ Développer la collaboration entre parents, enseignants, éducateurs, psychologues, assistants sociaux, notamment dans les quartiers difficiles.

➠ Accompagner les familles dans leur projet d'éducation plutôt que sanctionner leurs carences.

➠ Rétablir pour les candidats à l'enseignement de tous niveaux une véritable formation professionnalisante.

➠ Renforcer l'encadrement des établissements (surveillants, animateurs, personnels infirmiers).

➠ Étudier les conditions du bien-être des enfants à l'école et les promouvoir.

➠ Éduquer à la non-violence active.

✎ ***Engagement 9 :*** *Dans les collectivités locales, développer l'esprit de fraternité au service d'un vivre ensemble durable sans exclusive ni exclusion.*

➠ Faire en sorte que le lien social, notamment intergénérationnel, soit actif et vivant.

➠ Faire en sorte que les logements sociaux représentent 20 % au moins du parc immobilier, dont au moins un tiers accessible aux plus bas revenus.

➠ Faire en sorte qu'un programme efficace en faveur du développement durable soit mis en place, dans ses trois composantes sociales, économiques et environnementales ; il visera notamment à réduire les émissions de gaz à effet de serre, ainsi qu'à favoriser la commercialisation des produits agricoles en circuits courts.

➠ Faire en sorte que le service civique soit activement promu au plan local afin de renforcer la mixité intra et intergénérationnelle et non comme un substitut à l'insuffisance d'emploi.

➠ Faire en sorte que le développement des associations de solidarité soit favorisé par des mesures facilitant l'engagement bénévole de tous.

➠ Faire en sorte que les diverses situations d'exclusions ne soient pas cachées, mais mises en lumière afin d'entraîner la mobilisation de tous pour y remédier.

✎ **Engagement 10 :** *Dans les entreprises, donner au respect des personnes une importance au moins égale au souci de rentabilité, réduire l'échelle des revenus et renforcer la responsabilité sociale et environnementale dans le cadre d'une gouvernance élargie.*

➠ S'opposer aux licenciements qui ont pour seul objectif d'accroître les dividendes ou d'améliorer les cours de bourse.

➠ Réduire l'échelle des revenus avec l'objectif de la ramener à un niveau raisonnable, selon des critères à définir.

➠ Lier une partie substantielle de la part variable de la rémunération des managers à la mise en œuvre de la Responsabilité sociale et environnementale (RSE) de l'entreprise.

➠ Dans le cadre d'une gouvernance élargie, diversifiée et transparente, renforcer la responsabilité sociale et environnementale, en dialogue et négociation avec les organisations syndicales et les institutions représentatives du personnel ainsi qu'avec les autres « parties prenantes », en se rattachant à un label reconnu.

➠ Prendre sa part dans la lutte contre les exclusions par l'embauche et la formation de chômeurs de longue durée et de jeunes peu qualifiés.

✎ **Engagement 11 :** *Dans les organisations syndicales, faire prévaloir l'accès de tous à un travail décent sur les revendications quantitatives ou catégorielles.*

➠ Créer les conditions pour augmenter leur nombre d'adhérents, notamment les jeunes, et leur audience.

➠ Combattre pour le droit de tous à un travail de qualité et à temps choisi autant que pour l'augmentation du pouvoir d'achat.

➠ Porter des revendications qui soient profitables à l'ensemble des salariés et qui ne privilégient pas une catégorie de salariés au détriment d'une autre.

➠ Faire en sorte que la condition des salariés des entreprises sous-traitantes soit équivalente à celle des entreprises commanditaires.

➠ Élargir le champ des revendications et du dialogue social aux sujets de la responsabilité sociale de l'entreprise et de sa contribution à l'intérêt général.

➠ Promouvoir au sein des organisations syndicales et/ou en partenariat avec les associations de solidarité l'expression organisée et collective des personnes en situation de chômage et d'exclusion.

✎ **Engagement 12 :** *Dans les associations et organismes de l'économie sociale et solidaire, respecter les finalités, les réactualiser, et considérer le succès de chacun comme le succès de tous.*

➠ Respecter scrupuleusement, de part et d'autre, la charte des engagements réciproques de 2001 entre l'État (et les collectivités publiques) et les associations, en particulier : établir des relations fondées sur le contrat, la transparence et l'évaluation, et organiser dans la durée les financements.

✎ **Engagement 13 :** *Dans les banques et organismes financiers, relier la prise de risque et la créativité à l'utilité économique et sociale des opérations et fixer des limites aux rémunérations.*

➠ Lier étroitement la prise de risque et la créativité financière à l'utilité économique et sociale des opérations réalisées et pouvoir en justifier.

➠ Soumettre aux actionnaires les règles de détermination des bonus.

➠ Promouvoir l'actionnariat responsable ainsi que les formes d'épargne et de monnaies éthiques et solidaires.

✎ **Engagement 14 :** *Dans les fonctions publiques et services publics, redonner tout son sens et sa portée à la notion d'intérêt général et de service à la collectivité, pour tous les usagers sans exclusive.*

➠ Favoriser les échanges avec les collègues ou supérieurs hiérarchiques, notamment lorsque sont envisagées des décisions qui paraissent à certains contraires à l'intérêt général.

➠ Valoriser les comportements qui garantissent la meilleure qualité de service public au citoyen usager, quelle que soit en outre sa condition sociale et la nature de sa demande.

➠ Développer des formations sur l'écoute et l'accueil des personnes en difficulté pour les personnels au contact avec ces publics.

➠ Ne pas dissocier la prestation technique et la relation, et s'organiser en conséquence.

➠ Mettre en place d'authentiques dispositifs d'écoute et d'expression organisée des usagers, en liaison avec les associations de solidarité.

➠ Mettre en œuvre des actions exemplaires de responsabilité sociale et environnementale, notamment dans le cadre des marchés publics.

✎ **Engagement 15 :** *Dans les médias, préserver leur autonomie et inscrire dans une charte déontologique le souci du débat démocratique et du rôle éducatif à l'égard des usagers.*

➠ Proposer aux animateurs de blogs et aux gestionnaires de sites internet d'adhérer à une « charte de l'internaute démocrate » à construire, garantissant le respect des personnes et l'acceptation du pluralisme ;

➠ Rendre le CSA (Conseil supérieur de l'audiovisuel) indépendant, revoir sa composition et son mode de recrutement. Rétablir le principe d'une nomination du patron des chaînes de télévision publiques indépendante du pouvoir exécutif ;

➠ Développer l'éducation aux médias systématiquement à tous les niveaux de la scolarité. Soutenir également sur le plan financier les associations développant des activités d'éducation aux médias auprès des adultes ;

➠ Organiser l'animation et la participation aux débats en sorte que le souci de l'audience ne conduise pas à les fausser.

➠ Promouvoir un conseil de presse qui réunirait les représentants des journalistes, des éditeurs et des lecteurs.

✎ **Engagements 16 :** *Dans les communautés spirituelles et courants de pensée organisés, rechercher les valeurs communes du vivre ensemble dans le cadre de la laïcité.*

➠ (À compléter dans le cadre d'un groupe de travail.)

✎ **Engagement 17 :** *Dans les partis politiques, donner la priorité aux enjeux réels sur les luttes internes et la compétition externe, et privilégier le dialogue avec les acteurs de la société civile.*

➠ (À compléter dans le cadre d'un groupe de travail.)

Engagements citoyens, engagements des responsables politiques

Pour améliorer la qualité démocratique

✎ **Engagement 18 :** *Promouvoir l'éthique de la délibération et de la décision, et leur mise en œuvre.*

➠ Dans la délibération, être conscient de son désir potentiel de prendre le pouvoir, et s'efforcer de la maîtriser dans l'écoute de l'autre.

➠ Créer un « observatoire de l'éthique du débat et de la qualité démocratique », chargé notamment :

a) de mettre en place une pédagogie de l'éthique du débat ;

b) de faire un rapport annuel sur les conditions du débat public et de la délibération collective ;

c) de faire des recommandations sur l'utilisation de divers outils et méthodes favorisant le débat ;

d) d'examiner l'implication des diverses catégories sociales et de différentes générations dans les débats.

➠ Revoir les conditions de fonctionnement de la commission du débat public, en nommant un président stable, en lui accordant un pouvoir d'auto-saisine et en lui attribuant des moyens propres.

➠ Se donner les moyens nécessaires pour organiser régulièrement des débats sur les grandes orientations que l'union européenne envisage d'adopter.

➠ En faire de même sur les grands dossiers qui concernent tous les habitants de la planète.

➠ Relancer des fonctions et outils de la planification, en particulier pour instruire les grands débats collectifs, et proposer des options.

✎ **Engagement 19 :** *Innover pour améliorer la représentation des populations.*

➠ Renforcer la politique de parité entre les femmes et les hommes et promouvoir une culture commune de l'égalité, notamment en luttant contre les stéréotypes.

➠ Donner le droit de vote et de candidature aux élections locales aux personnes étrangères régulièrement établies.

➠ Initier des débats innovants avec les jeunes ainsi que des campagnes attractives d'inscription sur les listes électorales.

➠ Développer la démocratie locale : reconnaître aux conseils de quartier, aux associations de locataires et aux associations de voisinage une vraie représentativité.

➠ Envisager les innovations suivantes : reconnaissance du vote blanc, recours au tirage au sort, conférences citoyennes, représentation des générations futures, présence d'objecteurs de croissance.

➠ Organiser enfin le statut de l'élu et réaliser une limitation supplémentaire du cumul des mandats et fonctions ainsi que des rémunérations qui leur sont attachées, dans le temps et dans l'espace.

➠ Susciter des débats sur les qualités nécessaires aux candidats aux élections pour faire face aux situations et aux besoins.

✎ **Engagement 20 :** *Mettre en place un meilleur contrôle citoyen sur les dépenses publiques.*

➠ Organiser un processus démocratique permanent d'évaluation et de révision des différentes politiques publiques en y associant dans chaque cas un jury citoyen.

➠ Dans les collectivités locales, proposer aux instances dirigeantes d'introduire un droit à l'initiative du contribuable-citoyen en permettant à celui-ci d'affecter une part de l'impôt à une mission publique plutôt qu'à une autre, en s'inspirant de l'expérience des budgets participatifs de Porto Alegre, et en en évaluant les effets.

➠ Consulter impérativement le conseil économique, social et environnemental sur les mesures de défiscalisation proposées par le gouvernement, qu'elles concernent les particuliers ou les entreprises.

✎ **Engagement 21 :** *Affecter une part des crédits des politiques publiques à l'expression et à l'organisation des citoyens, notamment les demandeurs d'emploi et bénéficiaires de minimas sociaux.*

➠ Donner des moyens aux organisations de chômeurs et aux associations de solidarité pour les aider à s'organiser et à prendre part dans de bonnes conditions au débat public, notamment en les faisant participer aux instances de délibération nationales (Conseil économique, social et environnemental), régionales (Conseils économiques et sociaux de région) et spécialisées (Pôle emploi).

✎ **Engagement 22 :** *Réguler étroitement les activités financières pour les relier à leur fonction économique.*

➠ Mettre en œuvre **de nouveaux indicateurs** guidant l'action économique dans le cadre d'une approche de développement durable, instaurant une transparence des résultats et des méthodes employées et permettant une évaluation objective dans la durée et en comparaison avec d'autres nations.

➠ (À compléter dans le cadre d'un groupe de travail.)

Pour renforcer l'action contre les inégalités, les exclusions, les discriminations et les maltraitances de tous ordres

✎ **Engagement 23 :** *Fixer les règles d'un contrat social juste et redistributif pour faire face aux besoins collectifs, tout en prenant en compte l'environnement concurrentiel.*

➠ Pour stopper la course sans fin à l'augmentation des taux de rentabilité, rendre progressif le taux de l'impôt sur les sociétés (le taux d'imposition augmentant lorsque la rentabilité du capital s'élève), d'abord en France, puis au sein de l'union européenne.

➠ Accroître fortement la place de l'impôt direct par rapport à l'impôt indirect afin que chaque citoyen paie une contribution proportionnée à ses ressources à l'état central et aux collectivités locales dont il est membre.

➠ Indiquer soit l'écart maximum acceptable de l'éventail des revenus et des patrimoines que la fiscalité viendrait garantir par des taux d'imposition de 100 %, soit le relèvement des taux maximum d'imposition.

➠ Poser les bases d'une taxation écologique des activités économiques qui bénéficient des services gratuits rendus par les écosystèmes.

✎ **Engagement 24 :** *Faire de l'emploi de qualité pour toutes et tous et à temps choisi une priorité nationale réelle et partagée.*

➠ Organiser un « grenelle » du retour au plein-emploi en France.

➠ Pour sécuriser les parcours professionnels, adapter les systèmes de protection sociale aux pratiques contractuelles en vigueur sur le marché du travail et prendre en compte soigneusement les périodes sans emploi ou en sous-emploi.

➠ Afin d'étendre l'assurance-chômage aux chômeurs non indemnisés et de doter pôle-emploi des moyens dont il a besoin, faire contribuer les trois fonctions publiques à l'assurance chômage au titre de la solidarité, universaliser le régime de l'assurance-chômage.

➠ Créer progressivement une obligation d'embauche des chômeurs de longue durée sous peine du paiement d'une taxe dont le produit sera affecté au financement des emplois aidés.

✎ **Engagement 25 :** *Relancer les politiques d'accès de tous aux droits de tous : logement, santé, culture, etc.*

➠ Après évaluation de l'impact des lois sur l'exclusion et la pauvreté, relancer les politiques d'accès de tous aux droits de tous dans les domaines des six droits fondamentaux mentionnés à l'article 1 de la loi d'orientation relative à la lutte contre les exclusions.

➠ Garantir un revenu de dignité, indexé sur le smic, qui permette de vivre de façon autonome.

➠ Se donner les moyens de respecter rigoureusement la loi sur le droit au logement opposable (Dalo), démontrer ses effets mobilisateurs et déclencher sa 2e phase : la production des logements nécessaires.

➠ Garantir la pérennité de la loi sur la couverture maladie universelle et la faire appliquer par l'ensemble des acteurs de santé : lutter contre les discriminations à l'égard des porteurs de la carte CMU.

➠ Créer les conditions d'un réel respect de la dignité des personnes vulnérables : prisonniers, immigrés, personnes âgées, handicapés…

➠ Faire en sorte que la discrimination sur des signes visibles de pauvreté (adresse, nature des ressources, parcours scolaire…) devienne moralement inacceptable et légalement interdite.

➠ Permettre un accès stable aux grands réseaux de la vie moderne (électricité, eau, téléphone, télévision, internet…).

✎ *Engagement 26 : S'appuyer sur la participation et les capacités des habitants pour construire des nouvelles politiques de la ville et de la ruralité dans le cadre du développement des territoires.*

➠ (À compléter dans le cadre d'un groupe de travail.)

Pour revivifier le vivre-ensemble

✎ **Engagement 27 :** *Rechercher avec toutes et tous et avec toutes les générations, et en particulier avec les jeunes et avec les femmes, les conditions de leur pleine participation à la société.*

➠ Ouvrir le RSA à tous les jeunes qui s'engageront dans un parcours d'insertion organisé ou dans une formation qualifiante.

➠ (À compléter dans le cadre d'un groupe de travail.)

✎ **Engagement 28 :** *Généraliser progressivement le service civique à tous les jeunes et à tous les âges.*

➠ Promouvoir des expériences de service civique, en vue de le rendre à terme, universel et intergénérationnel.

✎ **Engagement 29 :** *Redéfinir les finalités et les moyens d'une éducation populaire et citoyenne tout au long de la vie.*

➠ (À compléter dans le cadre d'un groupe de travail.)

Pour rendre l'Union européenne plus vivante, plus démocratique, plus sociale, et plus active à l'extérieur

✎ **Engagement 30 :** *Démocratiser la gouvernance européenne et doter le budget européen de ressources propres afin de pouvoir développer les politiques communes internes et externes.*

➠ Rechercher une meilleure articulation des politiques agricoles françaises, européennes et mondiales.

➠ Pour augmenter le budget européen, communautariser l'impôt sur les sociétés, mettre en place un taux progressif afin de freiner la course aux rentabilités exagérées et instituer une taxe de type Tobin ou carbone.

➠ Poursuivre vigoureusement l'action visant à mettre fin aux paradis fiscaux, incompatibles avec l'existence d'une communauté mondiale.

➠ Défendre le principe d'un impôt mondial destiné à réduire les écarts de développement.

✎ **Engagement 31 :** *Promouvoir un équilibre écologique en Europe pour aider la planète.*

➠ Faire d'une empreinte écologique durable un objectif central de l'union européenne, et s'organiser à cet effet en donnant aux citoyens et aux organisations les informations leur permettant de la mesurer et d'agir en conséquence.

➠ Au plan international, plaider pour une nouvelle gouvernance sur les questions énergétiques et alimentaires.

✎ **Engagement 32 :** *Intensifier les partenariats et le codéveloppement de l'Europe avec l'Afrique et les pays du pourtour méditerranéen.*

➠ Coordonner les politiques nationales et européennes en matière d'Aide publique au développement (APD) et accroître le codéveloppement.

➠ (À compléter dans le cadre d'un groupe de travail.)

Une démarche qui s'inscrit dans la durée

Une histoire collective

Dans un contexte de crise

Quelle que soit la revue de presse suivie, quel que soit le quotidien ouvert, quels que soient les experts, économistes, sociologues, politologues, journalistes…, le substantif commun à toutes les voix, le mot qui va s'amplifiant jusqu'à remplir l'espace médiatique, jusqu'à monopoliser l'information citoyenne, est le mot crise.

Quel que soit l'adjectif utilisé pour qualifier la crise, nous sommes obligés d'en constater la profondeur, l'étendue, l'angoisse qu'elle suscite et les dégâts qu'elle génère dans la vie des sociétés, notamment des pays qui furent les pays dominants durant les décennies industrielles.

Les idéologies qui portaient l'espoir de certaines parties du monde se sont effondrées pour n'avoir pas su ou voulu organiser une société de justice telle que promise. Et, à ce jour, rien n'est venu prendre cette place laissée vacante. Le vocable de démocratie, encore hautement revendiqué, ne parvient plus à susciter en France un projet pour humaniser le « vivre ensemble » et pour mettre en marche une dynamique susceptible de créer un nouveau contrat social.

Il ne s'agit pas de remplacer des idéologies par un idéal utopique ou par un projet clef en main de nouvelle civilisation, mais simplement d'offrir des passerelles inédites entre l'organisation du « vivre ensemble » et les comportements, les engagements, les choix personnels des individus. Le pouvoir des marchés et de l'argent régit de plus en plus nos sociétés mondialisées ; de paniques en dysfonctionnements, de désenchantements en ruptures, les systèmes politiques semblent paralysés par un monde réglé par les graphiques montants et descendants sur les écrans, obéissant à des lois dont ils ne connaissent plus les maîtres.

Et pourtant, nous existons ; ce sont les hommes et femmes qui font société ; ce sont les citoyens et citoyennes qui font la démocratie. Ils doivent encore avoir voix au chapitre pour s'indigner et proposer. Quelle voie à l'expression démocratique de tous ceux pour qui la remise dans le bon sens de la marche de la société passe par leurs engagements personnels et collectifs ?

L'idée de rassembler la société civile autour d'un **pacte** est née à partir des constats suivants :

– l'argent et les marchés doivent être remis à leur vraie place de moyens ;

– les hommes et les femmes peuvent et doivent être maîtres de l'organisation de leur vie en société ;

– des citoyens et des organisations doivent résister aux dérives, faire germer des solutions et réinventer une vie démocratique de qualité.

La genèse du Pacte civique

Si la crise telle que nous la vivons aujourd'hui a été un accélérateur, le projet collectif s'enracine en amont lorsque début décembre 2006 les portes du **colloque de Saint-Denis** s'ouvrirent pour 400 participants. Les trois associations *Démocratie & spiritualité, La Vie Nouvelle, Poursuivre* leur avaient proposées comme thème de rencontre « La politique au risque de la spiritualité ». Ce titre était lié à nos recherches sur une « Démocratie en quête de sens », sous-titre de notre colloque. L'objectif était de relier quête spirituelle essentiellement personnelle et projet politique évidemment collectif. Il mettait l'accent sur la démocratie comme valeur spirituelle, l'éthique du débat comme exigence, le spirituel comme souffle pour le politique.

La réponse de responsables d'associations, d'élus politiques, de journalistes, de philosophes témoignèrent de l'importance qu'ils accordaient à ces questionnements insolites. Assurément, poursuivre notre recherche commune valait la peine, d'autant plus que les participants posaient aux initiateurs de la rencontre comme question : « **Et après ? Et maintenant ?** »

Le colloque avait permis de rassembler des citoyens préoccupés par l'état de la société, conscients de l'absolue nécessité d'œuvrer là où ils se trouvaient, d'orienter dans ce sens le travail dans leurs associations. La poursuite de la réflexion s'imposait dans le cadre d'une démarche plus ambitieuse.

Conscientes de la nécessité d'élargir le champ de ce travail, les trois associations proposèrent le 26 juin 2008 une rencontre de tous **« les porteurs de projets et manifestes ».** En effet, elles avaient fait le constat que le vivre ensemble est en souffrance, le contrat social en panne, la démocratie en régression.

Convaincues que germent en maints endroits des initiatives diverses, des expérimentations anticipatrices et des tentatives pour remédier à la dégradation du vivre ensemble et du projet démocratique, elles prennent le pari de rassembler des organisations de la société civile qui partagent les mêmes préoccupations dans des secteurs divers et auprès de populations différentes. La première rencontre du 15 novembre 2008 est positive : le premier collectif du pacte civique réunissant une quinzaine d'associations voit alors le jour.

Le pacte écologique venant de recevoir un accueil très favorable, cette référence s'imposait, ce qui conduisit à adopter le vocable de **Pacte Civique.**

Le rassemblement des initiateurs du Pacte civique s'est d'abord matérialisé par l'élaboration d'une **plateforme commune** qui a été adoptée en octobre 2009 : *« Face à la crise, penser, agir, vivre autrement en démocratie ». (voir p. 13)*

En s'appuyant sur les fiches repère, le collectif s'est ensuite attelé à élaborer **32 engagements** concernant respectivement la personne, les organisations et le citoyen. Sur le plan de l'organisation, un bureau a été constitué fin 2010, des commissions *journées de lancement*, *communication* et *finances* mises en place, un site web ouvert en janvier 2011.

Les **journées de lancement** du pacte civique ont rassemblé plus de 400 personnes au Palais des Arts et des Congrès d'Issy-les-Moulineaux les 14 et 15 mai 2011 *(voir les témoignages dans l'encadré p. 112).*

Les objectifs initiaux du pacte civique

Nous était posée la question suivante :

De quelle façon pouvons-nous travailler utilement, dans les lieux où nous vivons, à la restauration d'un vivre ensemble porté par une démocratie de qualité ?

Nous avons cherché à la fois à :

– Initier une **démarche collective** s'appuyant sur une plateforme commune à ceux qui partagent un même diagnostic de la crise et une même vision de la façon de la surmonter.

– Rassembler autour de **quatre impératifs prioritaires** que sont ***la créativité, la sobriété, la justice et la fraternité***.

– Proposer **32 engagements** pour assumer nos responsabilités au titre de personne soucieuse du mieux vivre ensemble, d'acteur partie prenante de la vie économique, sociale, culturelle et de citoyen participant à la vie politique

– Travailler à des **« fiches-repères »** qui nourrissent l'ancrage du Pacte civique sur les réalités vécues et alimentent les moyens de mise en œuvre de ses engagements. Ceci reste donc un chantier ouvert, jamais terminé, pour enrichir en continu le Pacte Civique de nouveaux secteurs d'investigation portés par les nouveaux adhérents convaincus par la justesse et la nécessité de la démarche.

– Animer une approche ouverte favorisant **les coopérations entre organisations** chaque fois que c'est possible.

– Proposer des **outils de questionnement** des élus, des responsables et des membres d'organisation, des acteurs de la vie démocratique, des personnes, pour leur faire partager les ambitions du pacte civique.

Car il ne suffit pas de constater, il ne suffit pas de se lamenter, il ne suffit pas de s'indigner, il ne suffit pas de dénoncer ce qui se fait ou ne se fait pas. Chacun de nous est en capacité de réagir, chacun de nous peut prendre en charge la transformation de ses comportements dans sa vie personnelle et dans sa manière d'être au monde. Personnellement et collectivement nous avons les moyens d'agir dans la durée.

Le Pacte civique nous offre ces moyens, car c'est **un appel à oser, à changer, à se responsabiliser.**

Madeleine Nazarenko, directrice de la publication « Poursuivre », Jacqueline Louiche, ancienne présidente de la Vie nouvelle, une des porte-parole du Pacte civique, Gilles Guillaud, vice président de Démocratie et spiritualité

Et maintenant, quelles missions prioritaires ?

Le collectif Pacte civique s'est donné trois missions prioritaires pour le moment :

– mobiliser de plus en plus de bonnes volontés autour du Pacte civique grâce aux adhésions individuelles et collectives et grâce à la sensibilisation du grand public (pétitions, débats, interpellations des citoyens et des politiques, médias, etc.) ;

– élaborer ensemble la façon de promouvoir les ambitions du Pacte civique ;

– concrétiser les ambitions du Pacte civique à travers la mise en œuvre de ses priorités par ses adhérents.

Pour réussir le pacte civique, il nous faut d'abord mobiliser le maximum de citoyens, de responsables et d'organisations. Ceci implique de rechercher en permanence **l'adhésion** de personnes et d'organisations prêtes à approfondir les messages du Pacte civique et s'approprier les engagements individuels et collectifs correspondant à leurs priorités dans leur vie.

S'interroger sur le sens de l'adhésion, car celle-ci n'est pas un acte neutre, mais un acte qui engage, d'où des bulletins d'adhésion d'une précision inhabituelle, à remplir si possible sur le site. Chaque adhérent, personne comme organisation, est invité ainsi à se poser la question de sa feuille de route en lien avec le Pacte civique, ce qui rendra possible l'autoévaluation de son cheminement fin 2012, puis fin 2013. Le pacte aura atteint son but si chaque signataire peut un jour identifier une action ou une attitude qui aura été déterminée par son adhésion.

Les adhésions d'organisations ont le mérite de résulter d'un débat au sein des instances dirigeantes, qui a un intérêt en soi, quelle que soit la réponse finale qui est donnée. En cas d'adhésion, elles se traduiront logiquement par des actions et par des incitations aux membres de ces organisations à adhérer individuellement. Elles aident donc à la diffusion du Pacte. À ces deux titres, elles sont une priorité pour les promoteurs du Pacte. En conséquence des lettres sont envoyées progressivement aux responsables d'entreprises, aux organisations patronales et syndicales, aux partis politiques, aux médias, aux organisations de jeunesse, aux maires, aux représentants de la mixité etc. pour leur demander s'ils adhèrent ou pas.

Les adhésions individuelles sont liées d'une part aux adhésions des organisations pour leurs membres, d'autre part aux multiples contacts, interventions, articles, etc. qui permettent de présenter le Pacte civique. Elles peuvent provenir aussi de l'action de groupes locaux « Pacte civique » qui sont en train de se mettre en place.

Pour créer un mouvement en faveur du Pacte civique, il s'agit par ailleurs de **sensibiliser le grand public** de multiples manières.

Les interpellations des citoyens et des politiques à l'occasion des échéances électorales sont une occasion de présenter de façon plus simple des messages prioritaires du Pacte civique. Une évaluation de la cohérence entre l'adhésion d'un leader politique et ses comportements est à mettre en place avec des appuis extérieurs.

L'organisation de débats constructifs sur des sujets prioritaires doit permettre la rencontre entre les forces de la société civile qui acceptent d'inscrire leur projet dans une perspective politique, les acteurs de la société politique conscients de la nécessité de changer leur rapport au pouvoir et les médias capables de sortir des logiques de communication à court terme.

Des communiqués de presse mensuels sont prévus pour informer les médias de l'évolution du Pacte civique et leur mettre en exergue à chaque fois un message important du Pacte civique, si possible en lien avec l'actualité.

Des liens avec des réseaux sociaux, en particulier ceux de jeunes adhérents, sont en cours d'élaboration.

Des outils classiques de communication sont mis en œuvre comme un site, des films, des tracts, des documents (le livret Pacte civique élaboré pour les journées de lancement, ce livre, etc.). Ils devront progressivement être complétés par des outils de formation civique.

Il ne suffit pas de faire adhérer des personnes et des organisations prêtes à s'engager, il faut ensuite **élaborer ensemble la façon de promouvoir les ambitions** du Pacte civique dans la durée.

Une organisation reposant sur un bureau issu des initiateurs du Pacte civique, un collectif ouvert aux organisations adhérentes, des portes parole désignés par le collectif (neuf actuellement), des commissions « communication » et « finances » permet de promouvoir et de gérer la démarche au fur et à mesure. Pour être fidèle au côté innovateur et autonome du Pacte civique, il n'a pas pour le moment été mis en place une structure juridique type association ou fondation.

Des moyens financiers et humains sont mobilisés au fur et à mesure des besoins. Ayant jusqu'à maintenant trop fortement dépendus des initiateurs du Pacte civique, il est prévu de les diversifier et renforcer (contribution financière possible des adhérents à travers leurs organisations ou directement en envoyant leurs dons).

Des liens entre adhérents sont promus à travers une lettre mensuelle d'information, le site, des équipes projet et des groupes locaux.

Enfin il est important de **faire vivre le Pacte civique sur le terrain** à travers la mise en œuvre de ses priorités par ses adhérents.

Des équipes projet se mettent en place pour approfondir des chantiers jugés prioritaires par des adhérents du Pacte civique comme les entreprises, les médias, l'éducation, la lutte contre l'exclusion, la prise en compte de la diversité, la construction d'une société et d'une démocratie européenne, etc. (voir le site Pacte civique pour les rejoindre). Les plus jeunes adhérents souhaitent pour leur part privilégier des participations aux équipes projet existantes ou travailler sur l'amélioration des outils de communication du

Pacte civique, en particulier pour les adapter à la diversité des publics.

Des nouveaux groupes de travail sont en cours de création pour travailler sur des chantiers non abordés comme la santé ou le transgénérationnel. Ils prépareront des fiches repère sur des thèmes prioritaires en indiquant la finalité visée, les objectifs à atteindre et les engagements à prendre.

Des groupes locaux se mettent en place dans diverses villes et territoires (voir leur liste sur le site Pacte civique). Reposant en partie sur des membres des organisations adhérentes, ils se donnent divers objectifs comme faire connaître le pacte civique, interpeller les élus locaux, soutenir des initiatives locales porteuses de sens et de qualité démocratique, approfondir des chantiers ouverts par le Pacte civique, aller au plus près de ceux qui sont marginalisés ou en situation d'exclusion ou indignés, etc.

Des coopérations entre organisations adhérentes sont recherchées. Cela a été déjà le cas avec la participation à la « Bourse des vraies valeurs » dans le cadre des États généraux de l'Économie sociale et solidaire les 17, 18, et 19 juin 2011, aux dialogues en Humanité chaque premier weekend de juillet au parc de la Tête d'or à Lyon, aux ateliers du vivre ensemble et de la fraternité organisés par l'ODAS, etc. Dans d'autres cas, comme pour l'organisation du parcours citoyen de la qualité démocratique lors des États généraux du renouveau à Grenoble fin janvier 2011, cette coopération permet s'élargit à des organisations partageant des préoccupations voisines, mais n'adhérant pas au Pacte civique.

À l'avenir, de nouveaux chantiers peuvent devenir prioritaires dans le cadre de **l'actualisation de la stratégie du PC** qu'il faut sans cesse mieux inscrire dans le temps et dans l'espace. Il est difficile au stade actuel de présumer des suites des échéances électorales de 2012 et d'anticiper les ouvertures possibles de coopération au niveau européen et international avec les forces démocratiques d'autres pays. Ce qui est certain, c'est qu'un pacte civique dans la durée nécessitera de renforcer et compléter les outils pour développer le climat de confiance créé entre les adhérents, pour approfondir les réflexions sur les chantiers prioritaires, pour former les adhérents et les citoyens et pour développer les actions communes.

Jean-Claude Devèze, un des porte-parole du Pacte civique, et Jean-Pierre Worms, vice-président de la FONDA, un des porte-parole du Pacte civique

Une « œuvre ouverte »

Quelle est la nature, en définitive, de cet objet non identifié qu'est le Pacte civique ? À quoi aboutit cette construction empirique destinée à donner un nouveau souffle à la société française engluée dans les difficultés de toute sorte ? Que faisons-nous vraiment ? Ce n'est pas si facile à dire.

Le pacte civique n'entre pas dans les canons habituels de la science politique, ni dans les catégories classiques du management. C'est un hybride. Il s'apparente par beaucoup de traits à un manifeste qui rassemble des convictions, mais il va clairement plus loin. Il couvre un champ large, s'adresse nommément à la plupart des organisations qui structurent la vie sociale, et plaide pour des changements à trois niveaux (personnels, organisationnels, politiques), ce qui est original. Il s'insère à la fois dans l'actualité et dans une certaine durée (mais pas dans l'éternité, contrairement aux Déclarations de Droits) et prévoit une évaluation de ses effets. Serait-ce alors un avatar de la planification stratégique à la française ? Mais il n'a pas l'ambition de tout couvrir, loin de là, et n'entend pas se substituer aux grands débats de politique publique (les retraites, l'énergie, etc.), mais plutôt leur fournir une méthode et les éclairer par des intentions. Surtout, il n'émane pas de l'État, mais de personnalités et organisations agissant sur le terrain et soucieuses de valoriser l'expertise qu'ils y ont acquise en la mettant au service de l'intérêt général. Soucieuses de rendre plus civique la société civile dans le cadre d'un espace civique de libres débats. C'est en somme la voix de la société civique, la voix qui montre la voie, qui exprime son projet, de bas en haut et fournit quelques éléments de programme à cet effet.

On peut y voir aussi un exercice particulier d'éducation populaire inspiré du fameux « voir, juger, agir », y trouver des points communs avec une entreprise de démocratie participative (la lente élaboration du Pacte à partir de fiches repères, le débat en continu sur les moyens) ou le ressentir comme un texte d'interpellation morale et spirituelle. On pourrait de la sorte multiplier les comparaisons sans qu'aucune ne s'impose et mettre ainsi en relief le caractère à la fois particulier et novateur de la démarche.

Soulignons toutefois le rapport particulier et inhabituel avec le politique : la place du politique y est certes importante, puisque l'on s'adresse clairement à lui, que les candidats aux responsabilités politiques sont invités à y adhérer et que 15 engagements sur 32 lui sont consacrés ; mais il n'a pas la préséance qu'il détient habituellement dans la culture française : sa place est malgré tout relative à côté des 7 engagements demandés aux personnes, les premiers cités, ce qui n'a rien d'un hasard, et des 10 qui concernent les organisations et leurs membres (dont, soit dit en passant, les partis politiques[10]).

Cette indétermination rend-elle le projet moins lisible et donc trop complexe ? C'est un reproche fréquent. Le fait est que, sauf acte de confiance délibéré vis-à-vis des promoteurs du Pacte, l'adhésion suppose une certaine maturation, prend du temps, implique des éclaircissements. Chaque personne comme chaque organisation doit en quelque sorte fixer, en fonction de sa vocation propre, la feuille de route de sa contribution au pacte, qui lui permettra d'évaluer son action à la fin de 2012 et de 2013. Si l'on veut aboutir à une adhésion en profondeur, et non pas du bout des lèvres, cela nécessite réflexion, mérite débat, oblige chacun à enrichir sa propre démarche en la référant à celle des autres.

Toutes ces difficultés sont inévitables et ne peuvent être éludées si l'on prend au sérieux les problèmes à résoudre. En effet :

– La société étant devenue complexe, ce qui est apparemment simple est souvent faux ; la démocratie ne doit pas répudier la complexité, mais aider les citoyens à y accéder, en un mot la simplifier sans la trahir ; cela suppose de réunir des compétences

10. Ils sont placés sur le même plan que les entreprises, les syndicats, les associations et les médias, ce qui est en soi original ; et il leur est demandé, non sans une certaine naïveté, de *« Donner priorité aux enjeux réels sur les luttes internes et la compétition externe et privilégier le dialogue avec les acteurs de la société civile »*. (Engagement 17)

forgées dans l'action et la réflexion et de fixer des orientations plus que de se focaliser sur les moyens, qui accaparent trop le débat ;

– On ne fait pas émerger une nouvelle démarche de changement comme on active une idéologie ; c'est plus difficile, plus lent, plus incertain ; d'ailleurs, ce nouveau vivre ensemble qui nous permettrait de tirer parti pour tous des ressources et des capacités accumulées, est-ce un changement du système (la fin du capitalisme) ou un changement à l'intérieur du système (un marché vraiment régulé). Entre ces deux hypothèses, le Pacte civique ne choisit pas. Le sens du changement, son impérieuse nécessité, donc l'obligation de mobiliser largement, en dépassant les clivages habituels, lui paraissent plus importants, à ce stade du moins, que son contenu final qui doit rester ouvert et faire débat. Ce qui est visé, c'est de créer le consensus minimal nécessaire pour que le changement ait lieu. De même que, après 1945, un consensus modernisateur s'est mis en place, au sein duquel les débats politiques se déroulaient, un consensus pour une société autrement créative, sobre, juste et fraternelle, doit maintenant émerger en tant que réponse à la crise ; c'est cela que le Pacte voudrait promouvoir ;

– Nos démocraties sont à la recherche de nouvelles formes d'action collective, de nouvelles méthodes de changement. Le changement par l'État, par la politique classique, bute sur la mondialisation et l'autonomie de la société civile. Le changement par le marché et la compétition est efficace, mais dérive vers l'injustice s'il n'est pas régulé. Le dialogue social peine à peser sur le cours des choses. À côté de ces trois leviers, les citoyens et leurs organisations doivent s'exprimer, dire ce qu'ils pensent, faire preuve de courage et d'imagination pour aider les systèmes politiques à trouver de nouvelles voies. Le Pacte civique représente l'une des formes possibles du changement, un levier d'un genre nouveau, un nouveau logiciel opérant simultanément à plusieurs niveaux, un prototype dont on verra à l'usage s'il est ou non approprié.

Ce besoin de formes nouvelles pour réévaluer l'engagement, lui redonner du sens sans recourir aux facilités des idéologies, pour soutenir l'action collective et réactiver l'action politique, est largement répandu ; il explique que le Pacte civique ne soit pas seul en piste : Le Pacte pour les droits et la citoyenneté de la Ligue des Droits de l'Homme, les travaux de la Ligue de l'enseignement, la sollicitation du « pouvoir d'agir » des quartiers difficiles de la Fonda, les « territoires en transition » et la démarche « tous candidats » du Mouvement des colibris, le Pacte pour l'égalité entre les femmes et les hommes, l'Appel des Appels, d'autres sans doute qui émergeront, s'inscrivent dans cette recherche et dans cette inquiétude commune, avec dans chaque cas un angle de vue particulier, aucune focale ne pouvant à elle seule englober l'ensemble. L'un des enjeux de la période qui vient sera d'organiser la convergence de ces diverses initiatives qui poursuivent en réalité le même but. Ce sera la condition de l'efficacité. Cela suppose que la société civile soit en mesure de surmonter ses tendances individualistes et centrifuges.

Le Pacte civique peut sûrement y contribuer, selon des modalités à définir, en raison de ses caractéristiques propres. Du fait de son large champ, il assure une certaine transversalité à l'action. Laissant ouvert le choix des moyens, il appelle à la participation pour affiner, compléter, approfondir ceux-ci. Il a d'ailleurs vocation à être complété sur des points insuffisamment mis en valeur, comme l'égalité entre les femmes et les hommes, l'écologie, la réforme de l'État. Il invite à une adhésion responsable et autonome, chacune, chacun, ayant à définir sa propre contribution au mouvement de l'ensemble, en conscience et sous sa propre responsabilité, ainsi qu'il ressort des documents à remplir pour marquer son soutien. Le Pacte civique, c'est une « œuvre ouverte », au sens qu'Umberto Ecco donne à ce mot : une œuvre moderne, qui n'est que partiellement écrite, qui laisse place à l'improvisation, qui est largement créée par celles et ceux qui l'interprètent ou en prennent connaissance. Une œuvre ouverte qui travaille dans la dimension de la profondeur, non du spectaculaire ; dans la durée, mais sans négliger les échéances politiques qui scandent la temporalité ; dans la reliance, car on ne peut plus se contenter de juxtaposer ; dans la confiance enfin, car elle est la condition de l'espérance.

En définitive, le Pacte civique est un appel à un examen de conscience collectif en vue d'engendrer une démarche de progrès à laquelle toutes et tous peuvent apporter leur concours ; il interpelle aussi le système politique pour qu'il soutienne et valide la démarche, tout en étant conforté et orienté par elle.

Le Pacte civique peut ainsi devenir un levier de changements multiples pour une société complexe permettant une large mobilisation pour inventer un vivre ensemble équilibré et fraternel et faire naître peu à peu un nouveau contrat social.

C'est dire que les critères de réussite, lorsque le bilan sera tiré, fin 2012 et fin 2013, lors des deux rendez-vous évaluatifs qui sont prévus, ne sont pas aisés non plus à définir. Combien de personnes, combien d'organisations, combien de personnalités politiques ou de partis auront adhéré au Pacte ? Adhésion superficielle, de bonne convenance, ou profonde et transformatrice ? Cette adhésion les aura-t-elle aidés à se sentir acteurs de changement reliés les uns aux autres par le fil ténu de cette adhésion ? Leurs intentions d'action pourront-elles se concrétiser ? Les valeurs du pacte auront-elles pu se diffuser d'une façon ou d'une autre dans le grand public ? Enfin, et ce n'est pas le moindre, les quatre orientations politiques préconisées (l'amélioration de la qualité de fonctionnement de notre démocratie, le renforcement des actions contre les inégalités, les exclusions, les discriminations, les maltraitances, la revivification du vivre ensemble, et le redressement de l'Europe) auront-elles été objectivement mises en œuvre ? Il serait imprudent, et contraire à l'esprit du Pacte, de fixer des objectifs chiffrés en ces matières. Le Pacte est une composante du mouvement d'ensemble plus vaste d'une société prenant appui sur elle-même pour surmonter ses propres difficultés. Il n'est pas, heureusement, le seul à agir dans ces directions. Il a besoin malgré tout d'une masse critique suffisante pour attirer, rassembler, mobiliser, en quantité et en qualité. C'est pourquoi les personnes et organisations qui adhérent à la démarche doivent avoir à cœur de la diffuser, d'en faire parler et de la faire comprendre, afin de s'en enrichir mutuellement.

▸ Une œuvre ouverte, certes, mais une œuvre à bâtir dans la durée avec de nombreux artisans.

Jean-Baptiste de Foucauld, président Fondateur de Solidarités nouvelles face au chômage, un des porte-parole du Pacte civique

Ils parlent du Pacte civique

Face au désarroi social et moral qui touche les Français, un sursaut politique s'impose

Comment ne pas voir que notre société traverse une crise économique et sociale majeure ? Le constat est là : le chômage persiste et l'inégalité est criante entre ceux qui ont un emploi stable et ceux à qui sont réservés les emplois précaires et sous rémunérés, et en particulier les jeunes. Nous sommes incapables d'intégrer les enfants des cités où nous avions installé leurs parents qui ont été si utiles à notre économie. Nous le sommes tout autant à affronter la mondialisation autrement que par la pression exercée sur les salariés aujourd'hui transformés en simple variable d'ajustement. Nous nous soumettons à la financiarisation d'une économie qui exige des résultats à deux chiffres alors que la croissance connaît une quasi-stagnation. Nous fermons les yeux sur l'échec d'un système éducatif qui renforce les inégalités dues à la naissance plus qu'il ne les corrige. Nous ne nous insurgeons pas lorsque les prix de l'immobilier interdisent à des familles de se loger décemment…

Comment ne pas voir que notre société traverse une crise politique grave ? Une crise liée à la perte progressive des repères de nos concitoyens. Une crise marquée par l'incapacité de nos dirigeants à concevoir notre système social et nos services publics autrement qu'au travers d'une logique comptable uniquement destinée à redresser nos finances publiques. Cela, tandis que nous attendons toujours plus de l'État en refusant chacun de payer plus. Une crise qui fait de l'Europe un problème au lieu d'en faire un espace d'élaboration commune. Une crise qui se traduit par la place démesurée accordée par les médias aux stratégies de conquête du pouvoir au détriment du débat sur les enjeux. Un terreau sur lequel prospèrent les discours truffés de solutions simplistes alors même que nous devons faire face à la complexité.

Comment, enfin, ne pas voir que notre société traverse une crise morale profonde ? Des hommes perçoivent des rémunérations qui n'ont plus rien à voir avec la richesse qu'ils auraient contribué à créer alors que le blocage des salaires ne permet pas de faire face à l'inflation et crée des bataillons de travailleurs pauvres. Nous voulons une planète propre, mais nous ne sommes pas pour autant prêts à renoncer à un mode de vie et de consommation qui détruit à petit feu celle que nous laisserons à nos enfants et nos petits enfants. De plus en plus de nos concitoyens sont marginalisés, inquiets, découragés.

Cependant des résistances s'organisent, les initiatives se multiplient, des utopies créatrices ouvrent de nouvelles voies. Et lorsque des hommes aspirant à la liberté se lèvent au-delà de la Méditerranée, ils rencontrent notre soutien. Et ils nous amènent à nous reposer la question de l'avenir et de l'exemplarité de nos démocraties.

Dans un an, se dérouleront les élections présidentielles. Elles donneront lieu à de nombreux débats. C'est l'occasion d'aborder, en citoyen responsable, les défis auxquels nous sommes confrontés.

Relever ces défis nécessite une autre vision sur l'économie, un autre regard sur la société et ses acteurs, une autre manière de faire la politique, une autre éthique de la responsabilité, mais aussi un autre comportement de notre part. C'est parce que nous avons la conviction que la société civile peut et doit faire entendre sa voix en se rassemblant, que nous lançons aujourd'hui un appel à tous ceux qui souhaitent résister aux dérives de notre société, que nous les invitons à inventer ensemble une démocratie qui privilégie le civisme, c'est-à-dire le respect et l'attachement citoyen à la collectivité et au bien commun. Nous les invitons à inventer avec tous un futur désirable par tous.

Nous savons que ce futur sera exigeant et que les recettes appliquées d'en haut ne suffiront pas. Elles n'aboutiront à rien si elles ne s'accompagnent d'un triple changement de comportement : celui de nos dirigeants politiques et de leurs pratiques institutionnelles, sans aucun doute ; mais le nôtre également, celui de chacun d'entre-nous ; et enfin celui des organisations dont le fonctionnement se déshumanise progressivement.

Il est grand temps de se mobiliser pour un pacte civique fondé sur les impératifs de créativité, sobriété, justice et fraternité. Nous y sommes prêts, car nous croyons qu'il y a urgence.

Et à cette fin, nous convions les citoyens et les hommes politiques, et en particulier ceux qui aspirent aux plus hautes fonctions, les chefs d'entreprise et les syndicalistes à réfléchir avec nous aux 32 engagements du pacte civique.

Tribune parue dans *Le Monde* du 10 mai 2011, signée par *Claude Alphandery,* président du conseil national de l'insertion par l'activité économique, *Dounia Bouzar,* anthropologue, *François Chérèque,* secrétaire général de la CFDT, *Jean Paul Delevoye,* ancien Médiateur de la République, *Jacques Delors,* ancien ministre de l'économie et des finances, *Jean Baptiste de Foucauld,* haut fonctionnaire, *Patrick Viveret,* philosophe.

Ils ont déclaré

Jacques Delors a dit son « *admiration pour le travail efficace accompli, depuis trois ou quatre ans, par les associations qui ont lancé ce Pacte civique. C'est une entreprise radicale, qui ne consiste pas seulement à questionner les programmes électoraux, mais vise à provoquer un changement plus important.* » Il a conclu son intervention en rappelant que « *le Pacte civique ne pourra se développer qu'en incarnant deux valeurs fondamentales : le respect de tous et la quête de sens. Mais gare à ne pas tomber dans l'écueil du moralisme.* ».

En effet, comme l'affirme **Jean-Paul Delevoye,** Président du Conseil économique, social et environnemental, ex-Médiateur de la République, qui apporte son soutien dès l'ouverture du colloque, *« on ne peut être consommateur de la République ; (...) il faut absolument réveiller la citoyenneté, réveiller la responsabilité, réveiller le respect »*.

Marcel Grignard, secrétaire général adjoint de la CFDT, souligne les difficultés pour le syndicalisme de ne pas se couper de la société : « *Il faut passer des intérêts particuliers à l'intérêt général. Mais l'intérêt commun, ça se construit !* »

Maria Nowak, fondatrice de l'ADIE (Association pour le droit à l'initiative économique) souhaite que le Pacte civique approfondisse sa position par rapport à l'économie. Pour sa part, elle appelle à une « perestroïka du capitalisme ».

Le président d'ATD Quart-Monde France, Pierre-Yves **Madignier,** nous rappelle que « *la société se mutile en excluant les plus pauvres* ».

Mais pour que le civisme soit une valeur partagée, il faut que l'exemple vienne d'en haut et que les hommes politiques ne soient pas complices des démesures de nos sociétés qu'a dénoncées **Patrick Viveret**. Ainsi, pour **Philippe Meirieu** (Europe écologie - Les Verts), les réformes resteront sans effet tant que le pouvoir continuera à passer un message de superficialité.

Mais il faut aussi que chaque personne s'engage dans la durée à se transformer, car, comme l'a souligné **Patrick Braouezec,** député de Seine-Saint-Denis, la force du message du Pacte civique tient à la mobilisation de trois leviers, l'individuel, le collectif et le politique. Bariza Khiari, sénatrice PS, a été séduite par la recherche de sens qui émanait des textes du Pacte civique. Yann Wehrling, porte-parole du Modem nous a invités à garder toute l'exigence de notre démarche pour échapper à la tentation de vouloir rassembler tout le monde autour de consensus mous. **Pierre Méhaignerie,** député UMP de Vitré, où des méthodes participatives ont permis de réduire le chômage, a dénoncé la tentation de trouver des boucs émissaires. Il a insisté sur la nécessité de prendre en compte la mondialisation, et a rappelé cette phrase de Montesquieu : « *La vertu d'un peuple, c'est la responsabilité des citoyens* ».

La question de l'adhésion des jeunes au Pacte civique a été au centre des préoccupations de nombreux participants. « Nos formulations, forgées par une époque et une culture, ne parlent plus aux jeunes », reconnaît Philippe Meirieu. Pour ce spécialiste de l'éducation, la démarche éducative doit déborder le cadre étroit du système scolaire et investir la télévision, les médias, les loisirs. « Les jeunes insistent pour que la devise républicaine s'applique à tous les citoyens », renchérit **Dounia Bouzar,** anthropologue spécialiste de l´Islam, en affirmant que « les systèmes de pensée n'avancent pas par les grandes théories, mais par la transpiration humaine ».

Denys Codonnier, dans son rendu compte des ateliers des journées de lancement du Pacte civique, a insisté sur la reliance à instaurer entre nous : « Le fait de ***rallier,*** de rallier des adhérents au Pacte Civique, n'est qu'un moyen, certes très important. Notre but est de ***nous lier,*** nous lier les uns aux autres, forts de notre diversité, sans aucune exclusion, en France, jusqu'en Tunisie et ailleurs, pour co-construire au présent et au futur la société que nous voulons. »

Et vous ? Qu'avez-vous à dire sur le Pacte civique ?

Ils témoignent de l'importance de lutter contre l'exclusion

Patrick Bourse : « À l'Université populaire d'ATD, c'est un endroit où on peut tous parler et on est écouté. On réfléchit sur notre expérience de vie. J'ai appris à parler avec un micro. Avant, je ne parlais jamais. J'étais enfermé chez moi… J'étais bloqué dans mon corps. Je n'étais pas libre. Quelqu'un m'avait dit : « Tu as une carapace à l'intérieur de toi ! » C'est comme si les cadenas qui m'enfermaient s'étaient ouverts. L'Université populaire, ça m'a fait sortir de chez moi. Ça me fait bouger dans ma vie et rencontrer des gens nouveaux. »

Laurent Godin : « À l'Université Populaire ATD Quart Monde, j'ai appris la patience, à écouter, à changer de regard. J'y ai appris que la parole, la pensée pour se libérer a besoin d'un climat de confiance. Pour commencer, confiance reçue des autres, pauvres ou pas, lorsqu'ils témoignent devant tous des moments heureux ou douloureux de leur vie. Puis, confiance donnée aux autres, pauvres ou pas, en partageant sa propre expérience, dans un débat sur des sujets attendus, comme la misère, les enfants, le logement, le travail, mais aussi sur des sujets inattendus comme la culture, le développement durable, l'identité, l'égalité homme-femme, le respect de la personne dans les progrès de la médecine… Confiance en soi, ensuite. »

Micheline Mahier : « L'Université Populaire m'a fait évoluer. Avant, je ne disais rien. J'avais peur qu'on me repousse. À la maison j'avais le droit de rien dire avec mon mari. Quand on est dans son coin qu'on dit rien c'est pas une vie. Quand on parle aux murs ils répondent pas. (…) Maintenant je parle, même en réunion. Des fois j'arrive plus à m'arrêter. »

Pierre-Édouard Magnan (Mouvement national des chômeurs et des précaires), responsable d'une maison de chômeurs à Nanterre : « Depuis quelques années, il y a eu des avancées au sujet de la représentation des usagers, mais trop timides. (…) La représentation des allocataires du RSA pose aujourd'hui un problème majeur : elle est de manière générale individuelle et liée au seul volontariat plus ou moins suggéré, voire au hasard. Le MNCP n'envisage pas une représentation efficace et utile des usagers hors d'une parole organisée et construite collectivement ».

Jamila LABIDI (Association Initiative et Changement France) : « Notre démarche, nous la puisons dans la conviction que chacun est responsable de la paix qui l'entoure ».

Un participant au théâtre forum :

« Déjà, il faut connaître les personnes, la vie de tout le monde. Des gens riches et des gens pauvres. Ne pas rester entre nous. Créer de la confiance. Ne pas forcer les gens. Que l'autre personne soit libre. Être ensemble. Ça veut dire quoi, ensemble ? Qu'est-ce que tu m'as apporté ? Alors un jour, on arrivera à autre chose. Une vie complète pour chacun. Avec des droits, un logement, un travail. Pour tout le monde. »

14 mai 2011

Qui soutient le pacte civique ?

Fin octobre 2011, le pacte civique comptait plus de 1 000 adhérents individuels.

1. Le Pacte civique a été élaboré et rendu public les 14 et 15 mai 2011 par un collectif constitué des associations suivantes :

ATD Quart-Monde - Agir Tous pour la Dignité

Agence pour l'éducation par le sport

Association Georges Hourdin

Club de Budapest

Collectif appel à la fraternité

Colibris

Coopaname

Coorace

Dialogues en Humanité

Démocratie & Spiritualité

FONDA, pour la vie associative

Initiatives et Changement

La Vie Nouvelle
Poursuivre
Récit
Solidarités nouvelles face au chômage
Unis-Cité

2. De nombreuses personnalités adhèrent et soutiennent le Pacte civique

Personnalités ayant participé et apporté leur soutien lors des journées de lancement

Dounia Bouzar, Patrick Braouezec, Jean-Paul Delevoye, Jacques Delors, Marcel Grignard, Bariza Khiari, Pierre Méhaignerie, Philippe Meirieu, Maria Nowak, Yann Wherling.

Personnalités ayant adhéré au Pacte civique

Claude Alphandéry, *Labo de l'ESS*
Geneviève Ancel, *Dialogues en Humanité*
Guy Aurenche, *avocat honoraire*
Jean Bastide, *président de France Bénévolat*
Gilles Berhault, *président de l'association Communication et Information pour le développement Durable*
Alain Caillé, *MAUSS (Mouvement anti-utilitariste dans les sciences sociales)*
Matthieu Calame, *directeur de la Fondation Charles Léopold Mayer pour le Progrès de l'Homme*

Michel Camdessus, *président d'honneur des Semaines sociales de France*
Geneviève Decrop, *pétition contre la baisse des impôts*
Jacques Delors, *président fondateur de Notre Europe*
Jean-Pierre Dubois, *président d'honneur de la Ligue des Droits de l'Homme*
Antoine Dulin, *membre du CESE, responsable national Scouts et Guides de France*
Gilda Farrell, *Conseil de l'Europe (Chef de la division recherche sur la cohésion sociale et le développement)*
Bernard Ginisty, *philosophe*
Martin Hirsch, *président de l'Agence du Service civique*
François Hollande, *candidat du Parti Socialiste à l'élection présidentielle*
Eva Joly, *candidate Europe écologie/les Verts à l'élection présidentielle*
Pierre Karli, *Institut du lien social*
Martine Lignères-Cassou, *députée*
Jean-François Mattéi
Philippe Meirieu, *Europe écologie des Verts*
Arnaud Montebourg, *député*
Maria Nowak, *économiste*
Frédéric Pascal, *doyen du Conseil économique, social et environnemental*
Thierry Philip, *Président de l'Agence pour l'éducation par le sport*
Jean-Marc Roirant, *Secrétaire général de la Ligue de l'Enseignement*
Christian Sautter, *président de France active*
Hugues Sibille, *ancien délégué à l'innovation et à l'économie sociale*
Patrick Viveret, *Dialogues en Humanité…*

3. De nombreuses associations ont adhéré au Pacte civique depuis mai 2011

ADREHS

A6

Chrétiens dans le monde rural (CMR)

Club Convictions

Coop Forma

Les Enfants de la République

Fédération Française des MJC

FNARS

Forum Citoyenneté dans le monde arabe

Groupement des innovateurs pour l'emploi

Habitat et Humanisme

Institut européen des affaires de Paris

MNCP (Mouvement national des chômeurs et des précaires)

MRJC (Mouvement rural de la jeunesse chrétienne)

Place publique

Le Groupe Pole (Paix, Ouverture, Laïcité, Équité)

Solidarité Paysans

SNL (Solidarités nouvelles face au logement)

Université Rimay Nalanda

Engagements du Pacte civique
Bulletin d'adhésion personnel

Pour faciliter le traitement des adhésions, il est demandé d'utiliser de préférence le bulletin sur le site www.pacte-civique.org

Il est toutefois possible, le cas échéant, de compléter cette feuille et l'envoyer à Collectif Pacte civique - chez Démocratie& Spiritualité – 21 rue des Malmaisons - 75013 Paris

Prénom et nom :..

Adresse :...

....

E-mail :...

Tél.:...

À titre facultatif

Age :..

Activité professionnelle :...

Activité associative, militante :..

Par cette adhésion je m'engage personnellement à mettre en œuvre et promouvoir globalement les engagements du Pacte civique (voir pages 56).

Plus précisément et compte tenu de mes intérêts je mettrai particulièrement en œuvre et promouvrai les engagements suivants (inscrire le(s) numéro(s)) :

....
....

Je formule un commentaire ou une réserve sur tel ou tel engagement (inscrire le(s) numéro(s)) :

....
....

	Oui	Non
J'accepte que mon nom figure sur des listes de soutien au Pacte civique	☐	☐
Je suis prêt à participer à des groupes de réflexion et/ou de mise en œuvre des engagements du Pacte civique	☐	☐

Date et signature

Nos livres par collections avec indication du niveau de lecture	**Ev** : Éveil **Es** : Essentiel **S** : Synthèse **Dé** : Débattre

Comprendre la société

S * **15 ateliers pour se former à une culture de paix** O. & M. Neumeyer – 240 p.

Es * **32 défis géopolitiques du XXIe siècle –** Prométhée contesté – J.-S. Tabournel – 144 p.

S * **Accompagner l'enfant incasable et sa famille -** A. de Soto – 200 p.

S * **Acteur dans la ville, acteur dans la vie -** C. Bopp-Limoge – 350 p.

S * **Agir avec Joseph Wresinski** M.-H. Dacos-Burgues – 320 p.

Es * **Apprendre avec plaisir** – Refonder des relations sociales – D. Rambaud – M. Jeannerat – 160 p.

Es * **Apprentissages militants** H. Lethierry – 336 p.

S * **Bénévolat et demandeurs d'emploi** G. Bonnefon – 208 p.

Es * **Du Big-Bang à l'Homme moderne** C. Faure – 104 p.

Es * **Changer le social ?** – R. Baptiste – 192 p.

Es. * **Chômage de longue durée – Emploi précaire** – P. Valentin – 176 p.

Es * **Combattre les exclusions –** M. Falisse – 176 p.

S * **Comprendre et gérer les conflits dans les entreprises et les organisations -** P. Rousseau – 172 p.

Es * **Comprendre l'action des sectes** M. Bouderlique – 144 p. – 2e éd.

Es * **Comprendre l'économie politique** Y. de Wasseigne – 288 p.

Es * **Comprenre l'économie sociale et solidaire** N. Bardos-Feltoronyi – 160 p.

Es * **Comprendre l'histoire de la Vie** A. Steiger – 224 p.

Es * **Comprendre l'impact des jeux vidéo** M. Chambler-Dubosson – 120 p.

S * **Comprendre le XXe siècle – Construire le XXIe** - A. Samuel – 302 p.

Es * **Connaître et dynamiser sa commune -** M. Robin – 184 p.

S * **Construire des actions collectives** B. Dumas – M. Séguier – 232 p. – 3e éd.

Es * **Construire des pratiques éducatives locales** – V. Berthet – L. Fillaud-Jirari – 128 p.

Es * **Construire la démocratie** – P.-Y. Chereul – 176 p.

S * **Construire une éthique de la coopération** J.-Cl. Lavigne et B. Lestienne – 192 p.

Es * **Créativité et innovation dans les entreprises et les organisations** – R. Remouchamps – F. Tilman 160 p.

S * **Culture et changement social** Approche anthropologique – D. Mandon – 208 p.

Es * **Culture religieuse, T. 1 – De la préhistoire aux débuts du christianisme** – J. Cordonnier – 120 p.

Es * **Culture religieuse, T. 2 – De l'Église des premiers siècles aux guerres de religion** - J. Cordonnier – 136 p.

Es * **Culture religieuse, T. 3 – Des guerres de religion à la guerre de 1914** – J. Cordonnier – 160 p.

Es * **Culture religieuse, T. 4 – Religions et croyances actuelles** – J. Cordonnier – 272 p – 2e éd.

Es * **Culture religieuse, T. 5 – Dérives religieuses** - J. Cordonnier – 144 p.

Es * **Culture religieuse, T. 6 – Mythologie païenne et Christianisme** – J. Cordonnier – 176 p.

Es * **De la personne prise en charge à la personne prise en considération** – D. Mautuit – 192 p.

S * **Développer des pratiques communautaires en santé et développement social -** B. Goudet – 352 p.

S * **Dictionnaire des solidarités** P. Ansay – A. Goldschmidt – 264 p.

S * **Les droits de l'homme** – M. Simon – 180 p. – 2e éd.

S * **Droits de l'homme – Droits des peuples -** P. Richard – 184 p.

Es * **Échanger nos savoirs à Meaux** – collectif – 304 p.

D * **L'entreprise démocratique** J. Benoit – D. Yurkievich – 192 p.

Es * **Être développeur de territoire** M. Vandewynckle & J. Licata – 112 p.

S * **Faire avec l'objet** – J.-P. Filiod – 224 p.

Es * **Familles et professionnels de l'action sociale** Fondation d'Auteuil – 448 p.

Es * **Genèse et Évolution** – A. Steiger – 112 p.

Es * **Guide pratique d'éducation à l'environnement** Réseau École – Nature – 368 p.

Es * **Handicap et cinéma** – G. Bonnefon – 112 p.

Es * **Histoire des États-Unis** Y. Bourdon – J. Lamarre – 278 p.

Es * **Histoire de la civilisation occidentale** G. Langlois – G. Villemure – 338 p.

* **Lettre ouverte au ministre de l'Éducation nationale** S. Grandserre – 64 p. poche

Es * **L'homme et la culture** – J. Billaud – 128 p.

S * **L'intervention du travailleur social** P. Weber – 336 p.

S * **Introduction à la littérature française** - J. Beauté – 200 p.

S * **Introduction au travail social** Y. Hurtubise & J.-P. Deslauriers – 256 p.

Es * **JAC/MRJC** – Collectif – 424 p.

Es * **La Laïcité – Une exigence pour la paix** - A. Samuel – 208 p.

D * **Ma commune à l'école du développement durable** – P. Bouquet – 160 p.

S * **Maîtriser les mutations techniques** C. Maccio – 312 p.

Es * **Manuel d'alcoologie sociale** Y. Coulombier – 112 p.

S * **Médiation familiale** – C. Denis (dir.) – 336 p.

S * **Les médiations du travail social** M.-F. Freynet – 304 p. – 4e éd.

Es * **Le "métier" d'élu local** – É. Savary – 192 p.

Es * **Migrations internationales et marché du travail** - Collectif – 208 p.

Es * **Mode d'emploi de la civilisation planétaire** - E.-J. Duits – 128 p. poche

Es * **Notre santé – Une école de vie** – M. Pohier – 240 p.

Es * **Organiser la résistance sociale** – F. Poché – 96 p.

Es * **Oser de nouveaux réflexes professionnels** C. Bousquet et A. Marxer – 240 p.

S * **Partager les savoirs, Construire le lien** Collectif – 352 p.

S * **Pédagogie du développement social** J.-L. Graven – 240 p.

Es * **Penser l'éducation populaire** – G. Bonnefon 112 p.

S * **Pérennité au travail** – Collectif – 304 p.

Dé * **Petit lexique à l'usage du travailleur social** - T. Darnaud – G. Hardy – 128 p.

Es * **PNL et relation d'aide** – J.-M. Ferey 224 p.

Es * **Pratiquer la santé communautaire** Institut Th. Renaudot – 144 p.

S * **Promouvoir le dialogue interreligieux** M. Joinville-Ennezat – 192 p.

Es * **La question du logement** – P. Latreille – 160 p.

Es * **Relever les défis de l'Éducation nouvelle** - O. et M. Neumayer – E. Vellas – 272 p.

S * **Les religions aujourd'hui** A. Samuel – 368 p. – 4e éd.

Es * **Religions et croyances actuelles** – Culture religieuse, T. 4 – J. Cordonnier – 272 p – 2e éd.

S * **Les sciences humaines en mouvement –** L'humanité face aux changements - C. Maccio – 336 p.

Es * **(Se) former à la santé communautaire** - P. Deconstanza – 136 p.

Es * **S'initier à la sociologie** – J. Feschet – 224 p.

S * **Solidarité par le partage du travail et des revenus** C. Maccio – 304 p.

S * **Tourisme responsable** – A. Laurent – 512 p.

Es * **Traité de stratégie à l'usage des travailleurs sociaux –** P. Papillon – D. Wahbi – 160 p.

S * **Les transactions aux frontières du social** Collectif – 256 p.

Es * **Le travail – Regard photographique** BIT – 104 p.

S * **Le travail social** – L. Fèvre – 288 p. – 2e éd.

Es * **Universités populaires de parents** E. Murcier & M. Clausier – 192 p.

S * **Valeurs pour notre temps** – L'humanité face aux changements – C. Maccio – 260 p.

Es * **Vivre s'apprend** – A. Tarpinian – 256 p.

Savoir communiquer

Es * **40 exercices de communication** – C. Grantham K. Legay – F. Martel – M. Vuillermet – 104 p.
S * **90 jeux d'écriture** – P. Frenkiel – 160 p. – 3e éd.
Es * **À quoi sert l'autorité ?** V. Guérin – 224 p. – 3e éd.
Es * **Adolescence, amour, sexualité** – Photolangage® – C. Beslile – 48 photos – Un livret.
Es * **Améliorer la communication** – M. Barlow – 184 p.
S * **Animer et participer à la vie de groupe** - C. Maccio – 312 p.
S * **Animer, financer, communiquer un projet** - T. Noce – 264 p.
Es * **Apprendre, se distraire et créer avec le jeu** - 10 jeux à fabriquer – A. Bideau – 136 p.
Es * **Archives et documentation** – CARHOP – 160 p.
Es * **Atelier collage (L')** – 50 fiches techniques - C. Hof – 144 p.
Es * **Augmenter son efficacité** – Y. Raffestin – 272 p.
Es * **Besoin d'écrire – Désir de (se) dire** P. Guillaumin – 128 p.
Es * **Une clé pour les maths** C. Augier – Y. Raffestin – 304 p. – 3e éd.
S * **Code de l'information (Le)** P.-Y. Chereul – 240 p.
Es * **Comprendre et maîtriser le bégaiement** Collectif – 126 p.
Es * **Comprendre l'autre. Réussir ensemble** - E. Dupuy – 256 p.
Es * **Comprendre la presse** – J.-J. Coltice – 128 p.
Es * **Comprendre les difficultés à apprendre** - D. Éberlin – 112 p.
S * **Conflit – Comprendre et pouvoir agir** - R. Michit – T. Comon – 176 p.
Es * **Conflit dans la famille** – B. Trélaün – 160 p.
S * **Construire ma recherche** – J. Dumazedier – G. Le Meur – 256 p.
Es * **Créer par la parole** – P. Lebar – 144 p.
S * **(Se) Cultiver en complexité** – G. Gigan – 192 p.
Es * **Cultiver sa mémoire** – C. Bizouard – 176 p. – 5e éd.
S * **Décrire vos objectifs** – T. Noce – 192 p.
S * **Des réunions plus efficaces** C. Maccio – 256 p. – 3e éd.
Es * **Deux bouts la relation** – J.-L. Mermet – 158 p.
Es * **Développer des relations de coopération en milieu professionnel** – M. Bernard – 112 p.
S * **Développer la fonction tutorale** Former et intégrer – B. Blanc – 336 p.
Es * **Développer son attention et sa concentration** Vittoz IRDC – 160 p.
Es * **Devenir son propre médiateur** J. Timmermans – 160 p.
Es * **Écoute – Attitudes et techniques (L')** - J. Artaud – 192 p. – 5e éd.
Es * **Écrire au quotidien – Pratiques du journalisme** Collectif – 144 p. – 2e éd.
S * **Écrire et convaincre** – J. Glorieux – 240 p.
Es * **Écrire l'histoire de sa vie** M. Barlow – 144 p.
Es * **Écrire la correspondance** H. Lethierry – 208 p.
Es * **Écrire ma vie – 80 exercices** É. Godinot – 136 p.
Es * **Écrire une recherche** M. Lani-Bayle – 152 p. – 2e éd.
Es * **Éduquer à la sexualité** P. Pelège & C. Picod – 280 p.
Es * **Éduquer au vivre-ensemble** C. de Mey-Guillard – 96 p.
S * **Élaborer un projet, guide stratégique** - T. Noce – P. Paradoswki – 432 p.
Es * **Enseigner et pratique le chant** M.-M. Marc – N. Bouati – 176 p.
Es * **Être bien dans son corps, être bien dans sa tête** - B. Blanc – 240 p.
S * **Exercer une responsabilité** – C. Maccio – 416 p.
Es * **Faire parler l'enfant retardé mental** J.-A. Rondal – 144 p.
Es * **Favoriser l'estime de soi à l'école** Collectif – 144 p.
Es * **Formes et couleurs** G. Mozzo – 104 p.
Es * **Français pour tous (Le)** – R. Burfin – 248 p. – 4e éd.
S * **Gérer le risque alcool au travail** J.-P. Jeannin – 398 p.
S * **Gestion mentale (La)** – C. Maillard 96 p.
S * **Gestion prévisionnelle des emplois et des compétences** – Agefos PME – CGPME – 176 p.
Es * **La grammaire expliquée –** Notions et exercices - M. Poirier – 240 p. – 3e éd.
Es * **Guide anti-stress de l'enseignant** M. Isimat-Mirin – 128 p.
Es * **Guide anti-stress du candidat** M. Isimat-Mirin – 96 p.

Es * **Guide de l'animateur de groupes** C. Maccio – 128 p.

Es * **Guide du formateur en situation** C.-R. – et L.-G. Touati – 112 p.

Es * **Guide pratique de l'écrit** J.-Y. Bonnamour – 200 p. – 2e éd.

D * **Homme réseau (L')** – Penser et agir dans la complexité – E. Duits – 160 p.

S * **Le monde change… et nous ?** V. Guérin et J. Ferber – 256 p.

Es * **Lire à l'adolescence** E. Runtz-Christan & N. Markevitch Frieden – 176 p.

S * **Lire et comprendre** – J. Glorieux – 288 p.

Es * **Invitation à l'expression orale** C. Bizouard – 144 pages – 7e éd.

Es * **Jeux coopératifs pour bâtir la paix** Univ. de Paix Namur – 288 p. – 2e éd.

S * **Management durable**, A. Astouric 128 p.

S * **Manager le changement, changer le management** - Agefos – 160 p.

Es * **Mieux gérer son temps** – F. Tlatli – 164 p. – 2e éd.

Es * **Mieux prendre la parole en public** J.-P. Berrou – 152 p.

Es * **Musique en scène de 4 à 97 ans** Y. Moyne Larpin – 224 p.

Ev * **Organisation et responsabilités** C. Maccio – G. Nauche – 64 p.

Es * **Organiser sa pensée – Apprendre à décider** - G. Le Meur – 240 p.

Es * **Oser la relation** – Exister sans écraser I.-B. Eliat-Serck – 128 p.

Es * **Un parcours pour l'embauche** M. Bourse – 176 p.

Es * **Parents-profs** – D. Sénore – 128 p.

Es * **Peindre et communiquer avec des personnes âgées** – N. Lairez-Sosiewicz – 88 p.

Es * **Penser et rédiger son projet d'activités**) F. Mézière – 112 p.

Es * **Photolangage – Corps, communication et violence à l'adolescence** C. Belisle – 80 p. + 48 photos

S * **PME et dialogue social** M. Sandeau – H. Lasserre – 232 p.

S * **Pratique de l'expression** C. Maccio – 308 p. – 5e éd.

Es * **Pratiquer le dialogue** – Arts plastiques, écriture - O.-M. Neumayer – 256 p.

Es. * **Pratiquer le jeu** – Un art populaire A. Bideau – 112 p.

S * **Pratiquer le théâtre avec des personnes en difficulté** – M. Reynaud – 208 p.

Es * **Prendre des décisions collectives avec des méthodes participatives** – T. Noce – 264 p.

Es * **Quelles valeurs transmettre à nos enfants ?** - G. Krebs – 176 p.

Es * **Quels repères pour grandir** P. Béague – Fondation Dolto – 112 p.

Es * **Réaliser une boîte souvenirs** – A. Goldberg – 96 p.

S * **Régulations sociales en devenir (Les** - P. Auvergnon – 224 p.

Es * **Relation à l'autre (La) – L'Implication Distanciée** – M. Germain-Thiant – M. Gremillet-Parent – 128 p.

Es * **Relaxation sophrologique** J.-P. Blanchet – 136 p. – 4e éd.

Es * **Rendre les élèves autonomes dans leurs apprentissages** – A. Simonato – 112 p.

Es * **Renforcer la cohérence d'un texte** L. Pépin – 132 p.

Es * **Renforcer la confiance en soi à l'école** A. Soleilhac – 96 p.

Es * **Repérer et accompagner les troubles du langage** - D.-A. Romagny – 176 p.

Es * **Réussir la qualité par tous** B. Jacquin-Ravot – 144 p.

Es * **Réussir l'analyse d'un texte** A. Grange – 192 pages

Es * **Réussir le résumé de texte et la note de synthèse** – J. Profit – 144 p. – 8e éd.

Es * **Réussir son mémoire professionnel** A. Maffre – 144 p. – 3e éd.

Es * **Sanctionner sans punir** E. Maheu – 232 p. – 2e éd.

Es * **Savoir écrire un livre, un rapport, un mémoire…** - C. Maccio – 176 p. – 4e éd.

Es * **Savoir rédiger avec efficacité** R. Burfin – 192 p. poche

S * **Se cultiver en complexité** – G. Gigan 192 p.

Es * **Se construire par les arts plastiques** E. Odier – 208 p.

Es * **Se détendre pour mieux apprendre** M. Isimat-Mirin – 136 p.

S * **Se former à l'écrit** – C. Bezsonoff – 352 p.

Es * **(Se) former à l'entretien** M. Germain-Thiant – 140 p.

S * **Services : défis et opportunités** – J. Bonamy - A. Barcet – D. Xirau – C. Boiteux – 336 p.

S * **Techniques de la vie en groupe** C. Maccio – 312 p.

S * **Territoires et dialogue social** – H. Jacot – 160 p.

Es * **Théâtre-forum (Le)** – G. Tixier – 176 p

Es * **Vaincre ses peurs en mathématiques** C. de Flancre – 96 p.